Proteção e produção

Garamond
UNIVERSITÁRIA

CONSELHO EDITORIAL
Bertha K. Becker (*in memoriam*)
Candido Mendes
Cristovam Buarque
Ignacy Sachs
Jurandir Freire Costa
Ladislau Dowbor
Pierre Salama

José Augusto Drummond

Proteção e produção
Biodiversidade e agricultura no Brasil

Garamond

Copyright © 2014, José Augusto Drummond

Direitos cedidos para esta edição à
Editora Garamond Ltda.
Rua Cândido de Oliveira, 43 –
Rio Comprido
Cep: 20.261.115 – Rio de Janeiro, RJ
Telefax: (21) 2504-9211
www.garamond.com.br
editora@garamond.com.br

Revisão
Edmilson Almeida

Diagramação
Estúdio Garamond / Luiz Oliveira

Capa
Estúdio Garamond
Sobre foto da Secretaria de Agricultura e Abastecimento de São Paulo, disponível em https://www.flickr.com/photos/agriculturasp/7590107968/ sob licença Creative Commons.

CIP-BRASIL. CATALOGAÇÃO NA PUBLICAÇÃO
SINDICATO NACIONAL DOS EDITORES DE LIVROS, RJ

D859p
Drummond, José Augusto
Proteção e produção: biodiversidade e agricultura no Brasil / José Augusto Drummond. - 1. ed. - Rio de Janeiro : Garamond, 2014.
144 p. : il. ; 21 cm.

Inclui bibliografia
ISBN 9788576173601

1. Meio ambiente. 2. Biodiversidade. I. Título.

14-11616   CDD: 363.7
                                                           CDU: 502.1

Todos os direitos reservados. A reprodução não autorizada desta publicação, por qualquer meio, seja total ou parcial, constitui violação da Lei nº 9.610/98.

Sumário

7 Prólogo

11 *Capítulo 1* - Áreas protegidas *versus* áreas ocupadas por atividades produtivas e infraestrutura no Brasil – há espaço para todos?

65 *Capítulo 2* - A biodiversidade como patrimônio – uma discussão social e cultural

127 Bibliografia

139 Sobre o autor

Prólogo

Este livro reúne dois textos que, apesar de serem de minha autoria, "escaparam" do meu controle. As suas versões originais foram produzidas quase ao mesmo tempo (uma em fins de 2009, outra em princípios de 2010), independentemente, e para fins bem distintos. Essas circunstâncias não são incomuns na minha experiência de escrita. Nada indicava, portanto, que os textos se rebelariam contra mim.

Depois de seu nascimento, os dois textos alternaram períodos de esquecimento e momentos em que eu os submeti a intensas revisões. Essas alternâncias também acontecem frequentemente na produção dos meus textos. Além disso, eu os usei como roteiros de aulas e palestras, nos quais recebi retornos e sugestões que foram em parte incorporados aos textos. Em outros momentos, eu me motivei a ampliar as leituras de apoio, a obter mais dados, e a refinar as análises. Dessa forma, os dois textos foram crescendo e se modificando, independentemente um do outro. Cresceram muito em tamanho, incluíram novos conteúdos e tomaram novas formas com as quais eu não me preocupei imediatamente.

A partir de algum momento, no entanto, eu me decidi a publicá-los. Tentei então colocá-los no formato de artigos a serem submetidos a revistas científicas, o destino da maior parte dos textos que tenho produzido e publicado nos últimos anos. Foi então que percebi que ocorrera uma "rebelião" silenciosa. Por motivos diferentes, os dois textos desafiaram a minha decisão de publicá-los como artigos, pois que eles tinham tomado rumos distintos e exigiam destinos diferentes.

O primeiro texto, *Áreas protegidas versus áreas ocupadas por atividades produtivas e infraestrutura no Brasil – há espaço para todos?*, nasceu como um roteiro esparso de apoio a uma conferência ministrada em um evento de grande porte, embora não acadêmico-científico. Evoluiu em seguida para virar um texto pequeno e pouco denso que criticava um texto alheio longo, influente e muito denso. Ele acabou indo além disso, pois se recusou a ser uma crítica breve, uma mera resenha. Por isso, cresceu vigorosamente em tamanho; incorporou dimensões analíticas insuspeitadas; finalmente, agregou aos copiosos dados presentes no texto criticado uma boa quantidade de dados que o próprio autor levantou. No entanto, não quis vestir a roupagem de um artigo. Virou um longo comentário crítico sobre conceitos e metodologia adotados por aquele texto alheio e sobre fatos e tendências ignorados por ele.

O segundo texto, *A biodiversidade como patrimônio – uma discussão social e cultural,* teve outra trajetória rebelde. Nasceu como texto de apoio a uma disciplina ministrada no CDS, mas depois disso teimou em assumir e manter o tom de um ensaio polêmico. Resistiu às minhas tentativas de construir uma hipótese ou questão norteadora, ou de dialogar mais explicitamente com uma enorme e diversificada literatura com a qual eu estava lidando, ou de assumir um caráter mais técnico de discussão conceitual. À minha revelia, ele se tornou também uma testemunha ocular e uma prova irrefutável do sinuoso percurso profissional e intelectual que trilhei desde a minha formação mais remota de cientista social até a minha condição mais recente de cientista socioambiental. Por isso, não ficou sequer parecido com um artigo científico.

Quando me dei conta dessas trajetórias, eu me surpreendi e fiquei prisioneiro da rebeldia dos dois textos. Fiquei meses sem conseguir escolher entre diversas alternativas para a sua publicação. Eram longos demais e pesquisados de menos para serem publicados como artigos em revistas científicas; mais importante, não tinham perfil de artigos desse tipo. Não eram textos de opinião. Eram textos pesados e parcialmente técnicos que não se prestariam a ser veiculados por publicações "midiáticas". Da mesma forma, não caberiam bem em publicações destinadas a não acadêmicos. Isoladamente, cada um era curto demais para assumir a forma de um livro. Pensei em oferecê-los para serem publicados como capítulos de coletâneas organizadas por outras pessoas, mas a oportunidade não surgiu.

Por último, pensei em publicá-los no meu *site* pessoal (http://brasilia.academia.edu/JoseDrummond), criado em 2013, no qual disponibilizo muitos textos de minha autoria, inéditos e publicados. No entanto, talvez por ser viciado em colocar as minhas produções em papel, decidi que essa solução de "jogá-los" diretamente na Internet não faria justiça ao tempo e ao esforço que investi nos dois textos.

Finalmente, alguém – não me lembro quem foi – resolveu o impasse. Colocou em pé este meu "ovo-de-não-Colombo", dando uma sugestão simples: que eu juntasse os dois textos como capítulos independentes de um mesmo livro de minha autoria.

Foi a solução! Os dois textos aceitaram esse destino editorial e arrefeceram a sua rebeldia. Depois de tomar essa decisão, ainda fiz vários ajustes neles. Eles não reclamaram e se deixaram ser revistos e reformatados pacificamente.

Espero que assim os dois textos finalmente alcancem a visibilidade que me parecem merecer. Apesar de todo esse histórico de rebeldia, assumo integralmente a autoria do conteúdo dos dois textos. Eles resumem quase tudo o que de mais importante tenho a dizer neste momento de quase conclusão de minha carreira de cientista socioambiental.

Uma pergunta legítima pode ocorrer a quem esteja se decidindo entre ler ou não ler este livro: haverá um denominador comum entre os dois textos? A resposta é "sim". Muito resumidamente, o elo que une os textos é o de uma preocupação com a convivência entre (i) a riquíssima biodiversidade nativa do Brasil e (ii) os diversos tipos de intervenção humana que consomem, ameaçam e empobrecem essa biodiversidade (agricultura, pecuária, extração, construção de infraestrutura, consumo ampliado de recursos naturais, disposição de resíduos etc.).

Além dos agradecimentos específicos que registrei no início de cada texto, quero destacar que eles brotaram em grande parte por causa de minha convivência com o conjunto de colegas e alunos do CDS-PPGCDS, da Universidade de Brasília. Eles criaram e mantêm um ambiente profissional e acadêmico estimulante, ambiente esse que encontrei pronto em 2004 e ao qual me integrei, a meio caminho da trajetória da instituição e da minha própria carreira. Tenho me esforçado desde então para ajudar a manter e para melhorar esse ambiente. Nele tenho conseguido dar veia ao meu ecletismo temático, tanto o "inato" ou "intuitivo", quanto o "cultivado", e tenho combinado isso com as atividades rotineiras que fazem parte da vida de um professor universitário.

José Augusto Drummond
Brasília, dezembro de 2013

Capítulo 1

Áreas protegidas *versus* áreas ocupadas por atividades produtivas e infraestrutura no Brasil – há espaço para todos?[1]

1 – Introdução

Este texto sustenta a tese de que existe e continuarão a existir no território brasileiro por muito tempo espaço geográfico e recursos naturais conexos suficientes para acomodar a coexistência de cinco conjuntos de usos e atividades: (i) atividades produtivas rurais, (ii) instalações de infraestrutura, (iii) unidades de conservação (UCs), (iv) terras indígenas (TIs) e (v) terras de quilombolas (TQs). Uma forte coalizão pró-agropecuária, atuante em anos recentes, discorda disso. Ela tem defendido a ilimitada

---

[1] Inédito. Texto desenvolvido a partir do roteiro de uma conferência feita na abertura do VI Congresso Brasileiro de Unidades de Conservação (Curitiba, Paraná, 2009), intitulada "A extensão das áreas das unidades de conservação brasileiras em face das áreas das atividades agropecuárias e das instalações de infraestrutura." Apresentações feitas na Universidade de Brasília (setembro de 2010), Colorado State University (Fort Collins, EUA, setembro de 2011) e University of Kansas (Lawrence, EUA, novembro de 2011) ajudaram a melhorar o texto. Adrilane Batista de Oliveira, Carlos Felipe Abirached, Carlos Francisco Rosetti, Isadora Sette, Marcos Kowarick, Mário Gisi e Nelita Gonçalves Faria de Bessa auxiliaram na coleta de dados. A versão final foi enriquecida por sugestões feitas por colegas do CDS-UnB envolvidos no projeto/rede "Environmental Governance in Latin America and the Caribbean – ENGOV", em 2012 e 2013. Leituras críticas a diversas versões foram feitas por Fabiano Toni, Helena Ribeiro Drummond, Isadora Cristina Motta Lessa, Josiane do Socorro Aguiar de Souza, Ludivine Eloi, Marcel Bursztyn, Roseli Senna Ganem e Stephanie Nasuti. Márcia Leuzinger esclareceu algumas dúvidas sobre o novo código florestal aprovado em 2012. Cláudia de Souza ajudou na revisão final do texto.

expansão territorial das atividades produtivas rurais e acusa as áreas protegidas (UCs + TIs + TQs, além de reservas legais – RLs e áreas de proteção permanente – APPs) de impedirem essa expansão. Essa coalizão não dá importância ao fato de que atividades produtivas urbano-industriais e muitas instalações de infraestrutura também competem por espaço com a agropecuária.

Este texto apresenta primeiramente uma crítica detalhada de um influente e bem construído relatório de pesquisa[2] que defende a expansão ilimitada das atividades agropecuárias. Em seguida, reúne dados que revelam um quadro substancialmente diferente das restrições alegadas por esse texto a essa expansão – esses dados mostram que as áreas agropecuárias e de infraestrutura tiveram forte expansão nas últimas décadas, juntamente com a expansão de UCs, TIs e TQs. A principal inferência do presente texto é que, apesar da pressão a favor da expansão contínua da fronteira agropecuária, as atividades produtivas rurais podem se expandir pelo aumento da produtividade nas terras atualmente ocupadas e pelo reuso de enormes áreas oficialmente consideradas subutilizadas, não usadas ou abandonadas. Todas essas questões merecem ser incorporadas a um amplo debate sobre a distribuição espacial legítima dos diferentes usos do território brasileiro.

O texto foi construído como um comentário crítico detalhado do relatório de Miranda e colaboradores, membros de uma unidade da Embrapa chamada "Embrapa Monitoramento por Satélite". O relatório, divulgado na íntegra pela Internet desde 2008, foi amplamente debatido nos anos seguintes por cientistas, políticos, parlamentares, representantes de produtores rurais, ambientalistas e jornalistas. Para comentar o relatório, usei os

---

[2] MIRANDA, E. E.; CARVALHO, C. A.; SPADOTTO, C. A.; HOTT, M. C.; OSHIRO, O. T.; HOLLER, W. A. *Alcance Territorial da Legislação Ambiental e Indigenista*. Campinas, Embrapa Monitoramento por Satélite, 2008. Disponível em http://www.alcance.cnpm.embrapa.br/ (acessado em 26 de junho de 2013).

dados que ele mesmo apresenta, apontando algumas contradições internas a esses dados, além de algumas inferências e afirmações equivocadas. Além disso, reuni uma boa quantidade de dados adicionais sobre atividades produtivas rurais e sobre diversas instalações de infraestrutura, dados esses que revelam outras limitações e equívocos do relatório comentado.

2 - Contexto do debate

Para quem, como eu, investe no estudo de UCs e de áreas protegidas em geral, os argumentos apresentados por Miranda e colaboradores contra as áreas protegidas[3] são familiares. Eles não são originais, nem são mais intransigentes do que os argumentos levantados no Brasil e em outros países, no passado e no presente. Continuam a ser comuns em muitos países as controvérsias entre aqueles que, de um lado, defendem a biodiversidade, as espécies ameaçadas, as paisagens naturais excepcionais e as terras selvagens e, de outro, entre os que defendem a expansão da agricultura, da pecuária, da mineração, do corte de árvores, da construção de estradas e hidrelétricas e assim por diante.[4]

---

3 O Brasil parece ser o único país do mundo a adotar a expressão "unidades de conservação" para indicar áreas designadas pelo poder público para fins de proteção da natureza. Adicionalmente, o Brasil adotou uma classificação de "áreas protegidas" que pode confundir os estudiosos e cidadãos, pois essas áreas passaram a incluir oficialmente as UCs, as terras indígenas, as terras de quilombolas, e parcelas de todas as propriedades privadas do Brasil (áreas de proteção permanente e reservas legais). Procurei evitar no texto as confusões propiciadas por essa classificação oficial.

4 Ver as discussões ocorridas há mais de 120 anos em torno de áreas protegidas e até florestas públicas produtivas dos EUA em Alfred Runte, *National Parks – The American Experience* (Lincoln: University of Nebraska Press, 1984); Roderick Nash, *Wilderness and the American Mind* (3 ed. Cambridge: Yale University Press, 1982); Char Millar, *Gifford Pinchot and the making of modern environmentalism* (Washington: Island Press, 2001); Donald Worster, *A Passion for Nature – the life of John Muir* (New York: Oxford University Press, 2008); Richard White, *"It's your misfortune and none of my own" – a new history of the American West* (Norman: University of Oklahoma Press, 1991).

Grandes parcelas da população (principalmente em escala local) tipicamente defendem a preeminência das atividades produtivas e da infraestrutura, por entenderem que a proteção da natureza necessariamente prejudica as atividades produtivas, bloqueia o crescimento econômico, e ameaça o bem-estar social.

A antiga oposição às áreas protegidas brasileiras alcançou em anos recentes articulação interna e uma forte capacidade de divulgar as suas posições em escala nacional. A oposição uniu proprietários rurais, as suas associações e os seus sindicatos, chegando a associações nacionais do agronegócio e da agricultura familiar, além de legisladores estaduais e federais e políticos de diversos escalões. Essa ampla coalizão ganhou espaço na mídia e na opinião pública graças à chamada "bancada ruralista" ativa no Congresso Nacional. Essa mobilização desaguou numa lei recente que reformou o Código Florestal brasileiro de 1965 e amenizou diversas restrições de uso da terra em propriedades privadas (algumas dessas restrições mereceram a atenção cuidadosa de Miranda e colaboradores).[5] O texto de Miranda e colaboradores foi amplamente citado e divulgado pelos proponentes dessa reforma e chegou a ser apresentado e debatido em audiências públicas no Congresso Nacional.

Em poucas palavras, essa coalizão sustenta que as áreas protegidas brasileiras cresceram excessivamente e reduziram a

---

5   Trata-se da Lei 12.651, de 25 de maio de 2012, que revogou o Código Florestal de 1965 e modificou outras medidas legais pertinentes. Ela representou uma vitória da coalizão pró-agropecuária e da chamada "bancada ruralista" no Congresso Nacional. Ela reduziu restrições ao uso agropecuário de propriedades privadas. A principal alteração foi a redução das APPs e RLs, o que implicou a permissão para eliminar a vegetação nativa nas margens de rios, nas nascentes, nos lagos naturais e artificiais, nos topos de morros e nas encostas, nas várzeas e até nas terras indígenas. Por exemplo, plantios de certas culturas (uvas, árvores frutíferas e café, principalmente), localizados em encostas íngremes ilegalmente desmatadas, foram rebatizados como áreas agrícolas "consolidadas" e isentados de quaisquer sanções administrativas ou judiciais. Ver uma descrição minuciosa das modificações introduzidas pela Lei 12.651 em Márcia Dieguez Leuzinger e Sandra Cureau, *Direito Ambiental* (Rio de Janeiro: Elsevier, 2013), pp. 164-190.

disponibilidade de terras para as atividades produtivas rurais. Elas teriam criado barreiras à expansão espacial dos empreendimentos agropecuários, tanto do agronegócio quanto da agricultura familiar. Mesmo duvidosos, esses argumentos têm obtido significativo apoio popular, expresso inclusive em votos eleitorais. Em outubro de 2011, por exemplo, a "bancada ruralista" no Congresso Nacional reunia 202 de 514 deputados federais e 13 de 81 senadores; nos executivos e legislativos estaduais e municipais há números incertos de partidários da coalizão. Muitos economistas e engenheiros agrônomos dão apoio a esses argumentos, além de funcionários federais ligados a ações de reforma agrária e de beneficiários da reforma agrária.[6] Foram esses parlamentares "ruralistas" que, com a ajuda de aliados, aprovaram em 2012 a supramencionada lei (12.651), que reformou o Código Florestal de 1965. Essa vitória se coaduna com a oposição sistemática de Miranda e coautores a UCs, TIs e TQs.

Restrições legais às atividades produtivas desenvolvidas em terras públicas e privadas com a finalidade de proteção de recursos naturais e da sociedade são comuns em dezenas de sociedades. Elas são um preço a ser pago pelas sociedades que querem se integrar na moderna cultura que fomenta usos "prudentes" ou "sustentáveis" dos seus recursos naturais. Haverá sempre protestos e resistências a restrições desse tipo, mesmo porque não existem políticas públicas com resultados substantivos que sejam livres de custos ou que não encontrem opositores.

O Brasil criou nos últimos 30 anos um contexto legal favorável a políticas ambientais substantivas. Por exemplo, a Constituição Federal de 1988 (artigos 5, XIII; 170, III e 186, II) estipula que o "papel social" da propriedade privada só é preenchido quando ela usa os recursos naturais adequadamente e preserva o ambiente

---

6   Fonte: http://www.fpagropecuaria.com.br/composicao, acessado em 18 de janeiro de 2013. Esse site pertence à "Frente Parlamentar Agropecuária", uma organização civil formalizada.

natural (além de outras exigências). Esse preceito se desdobra no artigo 225, que afirma que todos os brasileiros têm direito a um meio ambiente "ecologicamente equilibrado". Leis ambientais básicas foram editadas desde então – recursos hídricos (1997), crimes ambientais (1998), unidades de conservação (2000), resíduos sólidos (2010), além de diversos planos e políticas regionais e nacionais focalizados na sustentabilidade.[7] As leis e políticas brasileiras de conservação e preservação ambiental têm amplo amparo constitucional e legal; elas não brotaram de moções radicais de ambientalistas ou de inimigos da agricultura, como um leitor desinformado pode inferir a partir da leitura do texto de Miranda e colaboradores.

Tendo tudo isso em vista, os objetivos do presente texto são: (i) argumentar a legitimidade das restrições impostas às atividades agropecuárias; (ii) mostrar que as áreas protegidas brasileiras não "sufocam" a agropecuária; (iii) comparar e discutir dados sobre diferentes usos do solo relacionados à agropecuária, à infraestrutura e às áreas protegidas. Essa discussão indicará que há "espaço suficiente" para agropecuária, infraestrutura e áreas protegidas. Adicionalmente, o texto sustenta que (i) as áreas protegidas são "fechadas" (e apenas em parte) apenas ao modo "agronegocial" de agropecuária (o que é substantivamente diferente de serem fechadas à agricultura em geral, conforme alegado por Miranda e colaboradores); (ii) as restrições à agropecuária em propriedades privadas têm o objetivo de viabilizar as atividades agropecuárias em longo prazo, por meio da conservação de recursos naturais; (iii) as enormes áreas de terras oficialmente

---

[7] Ver José Augusto Drummond and Ana Flávia Platiau, Brazilian Environmental Laws and Policies, 1934–2002: A Critical Overview. *Law and Policy*, Vol. 28, No. 1, January 2006, p. 83-108, 2006. Marcel Bursztyn e Maria Augusta Bursztyn, em *Fundamentos de Política e Gestão Ambiental – caminhos para a sustentabilidade* (Rio de Janeiro: Garamond, 2013), fazem a mais abrangente e fartamente documentada apreciação da legislação e das políticas ambientais, tanto no Brasil quanto em outros países.

consideradas subutilizadas, não usadas e abandonadas são a prova de que muitos fazendeiros brasileiros não adotam práticas conservacionistas elementares, praticando mais a mineração do solo do que o seu cultivo.

3 – Áreas protegidas e as limitações à expansão das atividades rurais produtivas

A argumentação desenvolvida neste texto é baseada na premissa de que é necessário e legítimo que as atividades agropecuárias sejam sujeitas a restrições ditadas por diversos aspectos do interesse público, inclusive, mas não exclusivamente, o aspecto da qualidade ambiental e da conservação dos recursos naturais. Adotar essa premissa não quer dizer que tais atividades mereçam "perseguição". Está bem estabelecido, por exemplo, na maioria dos países detentores de grandes parques industriais (inclusive o Brasil), o princípio de que deve haver restrições às atividades industriais – processos produtivos, insumos, resíduos, embalagens e até os próprios produtos finais. Regulação, licenciamento, banimento de produtos e insumos e até fechamento de unidades produtivas habitam há décadas o arcabouço administrativo e legal desses países, como instrumentos para evitar inúmeras externalidades ambientais e sociais negativas.[8]

Isso se justifica pela defesa de interesses públicos mais amplos que os interesses dos produtores e consumidores de bens industriais. Há uns 30 anos atrás, iniciativas de controle público sobre as ameaças geradas pela produção industrial à saúde do ambiente natural e das sociedades ainda eram altamente controvertidas na maioria dos países. Industriais, lobistas e trabalhadores resistiam a esse controle. Políticos que se opunham a esse controle conseguiam se eleger com facilidade. Com o tempo, no entanto, variadas restrições se impuseram a numerosas indústrias e se tornaram

---

8 Ver a esse respeito Bursztyn e Bursztyn, *Fundamentos...*

rotineiras – como o veto ao uso de certas matérias primas, a redução dos riscos gerados para consumidores e trabalhadores, a limitação de emissão de efluentes e resíduos, o controle sobre a ineficiência no uso de energia e água, a proibição de embalagens problemáticas, e até restrições quanto à localização física de instalações industriais.[9]

Não existe qualquer motivo que justifique que atividades agropecuárias sejam isentas de restrições equivalentes. A propósito, já existem numerosas restrições, como os regulamentos sobre a fabricação e a dosagem de uso de insumos químicos e sintéticos. No fim das contas, as atividades agropecuárias (i) usam ou afetam recursos naturais que na legislação brasileira são públicos ou de interesse público (solos, vegetação nativa, corpos de água, fauna silvestre, biodiversidade, materiais genéticos, atmosfera, litorais, oceano etc.) e (ii) são capazes de gerar externalidades negativas sérias que afetam a sociedade e/ou o próprio ambiente natural. Existem, portanto, bases legais e técnicas para justificar limitações de ordem social e ambiental às atividades agropecuárias, em nome do interesse público.

É verdade que existem no Brasil restrições de várias ordens às atividades agropecuárias. Uma maneira de criar tais restrições é o estabelecimento de áreas públicas protegidas (UCs) que excluem ou limitam, em graus diferentes, atividades produtivas que usam ou afetam os recursos naturais. Isso pode ser feito em complemento a restrições válidas para o uso da terra em propriedades privadas; no Brasil, entre outras formas, esse tipo de restrição ocorre na forma das APPs e RLs que incidem em cada propriedade rural. Existem ainda as supracitadas restrições ao uso particular de vários componentes da natureza. Na legislação brasileira dos séculos XX e XXI, os donos de terras não têm direitos

---

[9] A amplitude dessas restrições e a sua crescente aceitação social são mapeadas e discutidas por Paul Hawken, Amory Lovins and L. Hunter Lovins, *Natural Capitalism* (New York: Little and Brown, 1999).

legais de propriedade sobre as águas de superfície, a vegetação nativa, a fauna nativa e os minérios do subsolo. Esses recursos são considerados bens públicos ou patrimônios nacionais. O uso deles depende de licenças e concessões geradas por diferentes sistemas de gestão pública, alguns mais eficazes do que outros.[10]

É preciso admitir que a opinião atualmente dominante no Ministério do Meio Ambiente (MMA) e em muitos órgãos federais e estaduais – ambientais ou não – sobre UCs infelizmente se aproxima da crítica feita às UCs pela coalizão pró-agropecuária. Refiro-me aos argumentos que "defendem" as UCs enfatizando os seus potenciais produtivos e desenvolvimentistas, ao invés de ressaltar o seu papel primordial de defesa da biodiversidade e da integridade dos ecossistemas e paisagens.

A expressão mais elaborada e quase oficial que conheço desse tipo de "defesa" da UCs é um artigo assinado por seis funcionários do MMA (e outros dois autores) no qual eles se dão ao trabalho de reclassificar e detalhar o potencial produtivista de cada um dos tipos de UCs previstos na lei do SNUC. Embutem no seu texto várias tabelas cheias de cifras referentes aos valores monetários correspondentes à produção que pode advir de cada tipo de UC.[11] Os autores tratam as UCs como se fossem fazendas ou fábricas que, devidamente espalhadas pelo território nacional, impulsionariam o desenvolvimento local. A coalizão pró-agropecuária, escorada em suas enormes cifras de produção, se regozija com argumentações como essas e com as pífias cifras monetárias da produção que os autores projetam para as UCs. Os autores desse artigo transformam

---

10 Drummond and Platiau, 2006; José Augusto Drummond, Conceitos Básicos para a Análise de Situações de Conflito em Torno de Recursos Naturais. In Marcel Bursztyn, ed. *A Difícil Sustentabilidade – política energética e conflitos ambientais* (Rio de Janeiro: Garamond, 2011), p. 123-147.

11 Helen C. Gurgel et al. Unidades de Conservação e o falso dilema entre conservação e desenvolvimento. *Regional, Urbano e Ambiental*, N. 3, 2009, p. 109-119.

conceitualmente as UCs em "UPs" (unidades de produção). O pior é que essas argumentações partem de organizações e profissionais que deveriam ter a firmeza de defender o papel legal original das UCs de proteção da biodiversidade e dos recursos naturais.

Por esse motivo e por outros mais sérios, testar a solidez das alegações de Miranda e coautores sobre o excesso de áreas protegidas exige reunir e analisar apropriadamente um volume extenso e diversificado de dados, dentro de um contexto de controvérsias conceituais sobre a própria natureza dessas áreas protegidas e sobre a própria concepção estratégica da atividade agropecuária. O mesmo vale para a discussão da dimensão da infraestrutura, que eu introduzi nesta minha crítica ao relatório de Miranda e coautores.

Esse relatório é rico em dados, original no seu escopo, inovador em metodologia e ousado nas suas inferências. Embora faltem dados cruciais sobre as áreas atualmente ocupadas pelos diversos tipos de empreendimentos agropecuários e sobre a quantidade de terras degradadas, abandonadas ou subutilizadas, o texto é uma contribuição importante para a questão do macrozoneamento de usos do território brasileiro. No entanto, ele perde boa parte do seu impacto pelo fato de se apresentar como um pronunciamento absoluto em favor de uma fronteira agropecuária em permanente expansão. Essa fronteira continuamente elástica é construída como a mais estratégica de todas as variáveis não apenas para a agropecuária brasileira, mas para a sociedade e a economia brasileiras como um todo. Trata-se de evidente exagero. Uma análise sóbria teria que considerar todas as formas de usos da terra, além dos papéis e pesos de todos os setores da economia brasileira. A produção rural é um uso importante e legítimo, mas não há porque lhe atribuir valor absoluto, especialmente no contexto da necessidade de um marco geral de zoneamento dos usos do enorme território brasileiro.

Admitido que existam restrições diversas ao empreendimento agropecuário brasileiro e que elas são legais e legítimas, vejamos agora dados sobre o que Miranda e colaboradores consideram restrições especialmente prejudiciais à agropecuária – UCs, terras indígenas e terras de quilombolas, além de APPs e RLs. Os dados mostram que nos últimos 30 anos houve indubitavelmente um forte crescimento das áreas de UCs e TIs, seguindo, aliás, uma tendência global.[12] No entanto, os dados não provam ou sequer sugerem que a expansão da agropecuária tenha sido confinada por UCs e TIs. O mesmo vale para as instalações de infraestrutura. Nas escalas nacional e regional, tanto a agropecuária quanto a infraestrutura têm expandido fortemente as suas áreas.

Cabe registrar também que muitos empreendimentos agropecuários brasileiros alcançaram nos últimos 20 anos notáveis ganhos de produtividade (produção por unidade de área). No entanto, Miranda e coautores defendem explicitamente a expansão contínua das áreas cultivadas com o fator mais estratégico para o futuro da economia e da sociedade brasileiras. Pode parecer que essa posição é "moderna", mas na verdade ela descende de uma visão colonial e pós-colonial que amarrava o aumento da produção agropecuária ao imperativo da expansão "horizontal" das áreas cultivadas, em contraste com uma expansão "vertical" movida a ganhos de produtividade e agregação de valor.

Evidentemente, ocorrem inúmeras colisões locais entre atividades agropecuárias estabelecidas e planejadas e UCs, TIs e TQs, para não mencionar a resistência dos fazendeiros individuais às restrições de APPs e RLs existentes dentro de suas propriedades. No entanto, ocorrem também muitas colisões locais entre diferentes tipos de empreendimentos agropecuários, entre eles e componentes de infraestrutura, ou entre eles e empreendimentos

---

12 Ver A. Zimmerer (2009), Cultural ecology: at the interface with political ecology – the new geographies of environmental conservation and globalization. *Progress in Human Geography*, 30(1), p. 63-78, 2009.

mineradores, para citar apenas alguns exemplos óbvios. Esses enfrentamentos e os obstáculos que eles criam para a agropecuária estão ausentes do relatório de Miranda e colaboradores.

É preciso admitir também que existem alguns poucos estados brasileiros (Roraima, Amapá e Acre) nos quais existem áreas excepcionalmente extensas de UCs, TIs, além das RLs e APPs em propriedades privadas. Essas grandes áreas não são gratuitas, no entanto, pois é na Amazônia que vivem os maiores contingentes de indígenas e que ocorre uma biodiversidade rica e altamente valorizada. Nesses estados, a agricultura e a pecuária provavelmente não se expandirão como ocorreu e ainda ocorre na maior parte do país.[13]

Vale adiantar uma inferência relevante dos nossos achados: a sociedade brasileira pode viver muito bem com a sua percentagem admitidamente alta de áreas protegidas e até com uma quantidade adicional moderada de áreas similares. Essa afirmação é apoiada por considerações como (i) o tamanho enorme do território nacional, (ii) o status tropical da maior parte desse território, (iii) as altitudes predominantemente baixas desse território, (iv) o seu relevo predominantemente plano ou levemente ondulado, (v) o seu grande estoque de terras agricultáveis, (vi) a abundância de água e (vii) a sua rica biodiversidade. Essa inferência é apoiada também por avanços previsíveis na tecnologia e na produtividade das atividades agropecuárias.

A variável que mais solidamente embasa visões pessimistas sobre o futuro da agropecuária é a área de 200 milhões de hectares (nada menos do que 23% do território nacional) que a

---

13   Ver uma análise detalhada sobre esse assunto em referência ao Amapá em José Augusto Drummond, Teresa Cristina Albuquerque de Castro Dias e Daguinete Maria Chaves Brito, *Atlas das Unidades de Conservação do Estado do Amapá* (Brasília: Ministério do Meio Ambiente; Macapá: Ministério Público do Estado do Amapá e Secretaria de Estado de Meio Ambiente do Amapá, 2008). Disponível em http://academia.edu/3390507/Atlas_das_Unidades_de_Conservacao_do_Estado_do_Amapa

Secretaria de Assuntos Estratégicos da Presidência da República classifica como abandonadas, sem utilização ou subutilizadas.[14] Isso equivale a três vezes a área conjunta de todos os cultivos agrícolas atuais no país. Essa cifra, publicada por um órgão de alto escalão do governo federal, não consta do relatório de Miranda e colaboradores, nem há menção à problemática dessas terras "cansadas", como escreviam aqueles que em tempos coloniais solicitavam ao rei de Portugal novas concessões de terras. Essa "fronteira detonada" não é legalmente fechada à agropecuária; pelo contrário, ela foi tecnicamente fechada, por causa do uso imprudente feito por fazendeiros e pecuaristas do passado.

Sintomaticamente, Miranda e colaboradores, pelo fato de encararem a expansão agropecuária exclusivamente como um avanço "para a frente" sobre "terras novas", não mencionam esse vasto estoque de terras inutilizadas por gerações de agropecuaristas como um obstáculo a essa expansão. Ignorar esse dado diminui o valor da pesquisa da equipe de Miranda, pois é uma forma de acobertar o fato de que a agropecuária brasileira usou essas terras de forma inapropriada, abandonou-as e se recusou a investir na sua recuperação. Ela optou pelo que era mais fácil: avançar sobre "terras novas" e capturar a renda extra ofertada gratuitamente pelos seus solos "virgens". Em outras palavras, mesmo que os 200 milhões de hectares sejam uma cifra exagerada, a agropecuária "fechou" essas terras para si mesma. Este fato altamente relevante não merece atenção no relatório de Miranda e coautores.

Por outro lado, os autores do texto em pauta dão grande destaque ao seu achado de que "apenas 23%" do território brasileiro estariam atualmente disponíveis para atividades agropecuárias. Mostrarei à frente que essa cifra é fortemente subestimada.

---

14   Fonte: *Recuperação de áreas degradadas*. Secretaria de Assuntos Estratégicos – SAE. Disponível em <http://www.sae.gov.br/site/?p=495>, acessado em 27 de junho de 2013. Várias consultas feitas à SAE pelo autor sobre os dados e critérios usados para calcular essa área conjunta não foram respondidas.

Independente disso, 23% é uma percentagem bem considerável de um dos maiores países do mundo. Curiosamente, ela é praticamente igual à cifra de terras degradadas divulgada pela SAE. Nesse simples jogo de cifras, 46% do território brasileiro surgem como legalmente abertos à agropecuária, e não apenas os 23% computados por Miranda e coautores. Os outros 23%, identificados pela SAE, nada têm de fechados a agropecuária – eles foram inutilizados pelo próprio empreendimento agropecuário brasileiro.

Outras características do território brasileiro são propícias para a agropecuária. O Brasil não tem desertos. Conta com uma região semiárida consideravelmente extensa, mas milhões de agricultores familiares convivem há muito tempo com as secas locais; além disso, em partes da região a irrigação mecanizada permite a operação de fazendas modernizadas do ramo dos agronegócios. A maior parte do Brasil é úmida ou super-úmida. Não há regiões com solos congelados ou sujeitos a nevascas pesadas regulares, embora alguns lugares sejam sujeitos a geadas regulares. Não há vulcões ativos. Não há registro de furacões regulares ou de outras tempestades destrutivas para a agropecuária. Recentemente, em partes da Região Sul, têm sido registrados números até há pouco insuspeitados de tornados. Terremotos são raros e moderados. Com tanta terra livre desses obstáculos sérios à ocupação humana estável, os "meros 23%" (ou seriam 46%?) do território brasileiro abertos para a agropecuária não deveriam ter o seu valor subestimado, como fazem Miranda e colaboradores, pelo fato de que grandes extensões restantes do território são usadas para outros fins.

4 – Atividades produtivas e instalações de infraestrutura a serem consideradas

O Quadro 1 contém uma lista não exaustiva de atividades produtivas rurais que, de acordo com Miranda e colaboradores, têm tido a sua expansão contida por áreas protegidas e políticas ambientais correlatas. O quadro traz também instalações de infraestrutura, embora elas sejam virtualmente ignoradas pelo relatório sob apreço.[15]

1 – áreas dedicadas a todas as formas de agricultura (inclusive criação de gado)
2 – áreas dedicadas a cultivos de grande extensão (café, soja, cana-de-açúcar etc.)
3 – áreas usadas para a criação de outros animais
4 – áreas de florestas comerciais plantadas
5 – áreas de vegetação nativa sujeitas a corte raso recente
6 – áreas de assentamentos de reforma agrária
7 – áreas ocupadas por estradas
8 – áreas ocupadas por ferrovias
9 – áreas de lagos criados por barragens hidrelétricas
10 – áreas afetadas por linhas de transmissão de energia elétrica
11 – áreas ocupadas por oleodutos
12 – áreas ocupadas por gasodutos
13 – áreas concedidas para pesquisa e produção mineral
14 – áreas concedidas para pesquisa e produção de petróleo e gás natural

Quadro 1 – Atividades produtivas e instalações de infraestrutura a serem consideradas.
Fonte: Compilado pelo autor.

Seguindo o procedimento básico de Miranda e colaboradores, a maioria dos argumentos a serem colocados aqui se baseia na comparação entre as superfícies ocupadas pelas áreas protegidas e as áreas de algumas das atividades e instalações listadas no Quadro 1. Quando há séries históricas disponíveis, elas também são usadas para essas comparações. Quando tais séries não estão disponíveis, as comparações são feitas com base

---

15   Miranda e co-autores não contabilizam áreas ocupadas pela infraestrutura, por instalações industriais e por áreas urbanas, o que agrava as inconsistências do seu texto, como argumentarei mais à frente.

nas cifras válidas para as datas mais próximas daquelas usadas por Miranda e colaboradores .

É preciso esclarecer dois pontos analíticos antes de fazer essas comparações. Em primeiro lugar, diversas dimensões produtivas e de infraestrutura foram excluídas do Quadro 1, por causa da falta de dados apropriados sobre as suas áreas. No entanto, quero destacar que elas são diretamente relevantes para a minha crítica aos argumentos, achados e inferências de Miranda e coautores. Os principais excluídos foram portos,[16] aeroportos,[17] reservatórios de água, aterros sanitários, estações de tratamento de água, e estações de tratamento de esgoto.[18] As hidrovias, das quais o Brasil tem 13.000 km, também poderiam ser legitimamente incluídas no Quadro 1.[19]

---

16   O Ministério dos Transportes reconhece oficialmente 84 portos e distritos portuários aquáticos. Eles monopolizam áreas consideráveis de litorais, terras e águas. Não encontrei dados consolidados sobre a área total deles, nem sobre áreas médias. O relatório de Miranda e colaboradores mal menciona portos. Ver *Boletim Estatístico da Confederação Nacional dos Transportes*. Brasília, março de 2009.

17   O mesmo Ministério dos Transportes reconhece oficialmente a existência de 2.564 aeroportos no Brasil – 33 internacionais, 33 domésticos, e 2.498 "pequenos campos de pouso". Não encontrei dados consolidados sobre a sua área conjunta, mas, a seu modo, eles também monopolizam áreas significativas que ficam indisponíveis para a agropecuária. Eles também estão ausentes do estudo de Miranda e colaboradores. Ver *Boletim Estatístico da Confederação Nacional dos Transportes*. Brasília, março de 2009.

18   Não encontrei dados agregados sobre a área de reservatórios de água, aterros sanitários e estações de tratamento de água e esgoto. Os aterros e o tratamento de esgoto colocam a questão de áreas monopolizadas não para fins de uso produtivo (função "*source*"), mas para a disposição de resíduos (função "*sink*"). Eles também excluem a agropecuária, mas não são examinados por Miranda e coautores. Sobre o conceito de função "*sink*" e a amplitude crescente em escala global das áreas dedicadas a essa função, ver Donella Meadows, Jorgen Randers; Dennis Meadows. *Limits to Growth – the 30-year update* (White River Junction, Vermont: Chelsea Green Company, 2004, Chapter 3).

19   As hidrovias são ignoradas por Miranda e coautores, embora elas sirvam para transportar *commodities* agrícolas, entre outras cargas. O uso de rios como hidrovias compete com outros usos (pesca, irrigação, geração de energia, suprimento industrial e urbano) e até com usos conservacionistas e de recreação. Ver *Boletim Estatístico da Confederação Nacional dos Transportes*, março de 2009.

O sentido dessa discussão é destacar que esses usos, aspectos e instalações não agropecuárias monopolizam ou limitam o uso de consideráveis parcelas de terras e recursos pela agropecuária, tanto quanto as áreas protegidas. Por isso, eles deveriam aparecer proeminentemente no texto de Miranda e coautores. Mas, eles não aparecem, provavelmente porque têm legitimidade aos olhos dos pesquisadores da Embrapa pelo fato de oferecerem serviços de energia, transporte, acessibilidade, comunicação, disposição de resíduos etc. às atividades produtivas, inclusive as agropecuárias. As áreas protegidas, em contraste, não são tão obviamente úteis para as atividades produtivas, muito embora elas possam lhes oferecer água potável, controle de enchentes, polinização de cultivos e outros chamados "serviços ecossistêmicos".

O segundo ponto analítico é um tanto intrigante. O exame de uma questão tão complexa – zoneamento/distribuição dos usos da terra em escala nacional – e com tantas variáveis exige um procedimento analítico cuidadoso, o que está em falta no texto sob exame. Embora óbvio, os autores parecem ter deixado de lado o fato de que todas as atividades produtivas rurais e muitas instalações de infraestrutura competem entre si por espaço e recursos, tanto quanto competem com as áreas protegidas. As áreas protegidas, mesmo que sejam rotuladas como limitadoras da agropecuária, não são as únicas limitadoras. Há muitos exemplos disso. Por exemplo, a mineração e a agricultura não podem conviver no mesmo espaço, ao mesmo tempo.[20] A criação de animais é recorrentemente proibida em perímetros urbanos. Uma estação de tratamento de esgoto não é o vizinho ideal de uma área residencial. O gado não está livre para pastar em estradas e pistas de pouso de aviões. Além disso, certas atividades

---

20 Além da impossibilidade física da convivência, a legislação mineral brasileira prevê que o ato de concessão de uma área para fins de pesquisa e produção mineral exclui todas as demais atividades produtivas. A exclusão pode perdurar por anos, mesmo que não ocorra pesquisa ou produção.

agropecuárias são incompatíveis entre si, no mesmo local, e por vezes até em locais vizinhos. Enfim, as áreas protegidas não são os únicos agentes de restrição da agropecuária, se tal restrição existir mesmo. Nada disso é levado em conta no texto dos pesquisadores da Embrapa, o que contribui para a sua inconsistência.

5 – Tipos de áreas protegidas e as restrições que elas criam para a agropecuária

Como assinalei acima, o texto de Miranda e colaboradores teve forte e merecido impacto sobre as discussões do futuro da agricultura e do futuro das áreas protegidas. Ele tenta identificar o "alcance territorial" das políticas e regulamentações ambientais e, mais especificamente, os efeitos alegadamente deletérios delas para a agropecuária.[21] Os autores mediram esse alcance basicamente pelo cálculo das áreas do território brasileiro supostamente "fechadas" para atividades agropecuárias pelas áreas protegidas. Para melhor apreciar o texto dos pesquisadores da Embrapa, precisarei entrar em alguns detalhes sobre as áreas protegidas brasileiras para mostrar que eles estão errados em alguns pontos fundamentais de suas argumentações. Eles ignoraram importantes distinções entre as áreas protegidas, prejudicando/distorcendo os seus achados.

O Brasil tem cinco tipos de áreas protegidas – UCs, TIs, TQs, APPs e RLs. Esse conjunto foi definido em 2006, por um documento oficial do Ministério do Meio Ambiente.[22] O Decreto

---

21 É relevante saber que o relatório se tornou tão visível e controvertido que o presidente da Embrapa, em fins de 2009, emitiu um comunicado oficial esclarecendo que Miranda e colaboradores não representavam a visão institucional da Embrapa. Um esclarecimento desses é, no mínimo, estranho, pois vem da direção de uma instituição de pesquisa que acomoda dúzias de subunidades e grupos de pesquisa.

22 Ministério do Meio Ambiente. *Plano Nacional de Áreas Protegidas*. Brasília, 2006, disponível em http://www.mma.gov.br/estruturas/ascom_boletins/_arquivos/plano_completo.pdf. 2006. Acessado em 27 de junho de 2013.

5.758, de 13 de abril de 2006, oficializou este documento e assim o Brasil assumiu o compromisso de proteger esses cinco tipos de áreas.

Nesta seção discuto os conceitos dessas áreas protegidas, para mostrar que cada uma delas tem efeitos diferentes em termos de limitar a expansão da agropecuária e de proteção da biodiversidade. Isso levará a conclusões que diferem marcadamente das de Miranda e coautores.

(i) **Unidades de Conservação (UCs)**

Publicamente criadas e administradas, as UCs existem desde 1937 para proteger componentes naturais do território brasileiro. O marco legal mais recente das UCs é a Lei 9.985, de 18 de julho de 2000, que instituiu o SNUC – Sistema Nacional de Unidades de Conservação. Ela define 12 tipos de UCs, divididos em dois grupos – proteção integral e uso sustentável. Miranda e coautores não levaram em conta as significativas diferenças entre o primeiro grupo (que exclui residentes e atividades produtivas) e o segundo (que permite e até estimula residentes e atividades produtivas, inclusive privadas). Por isso, as alegações de que as UCs limitam a expansão da agricultura só valem para as de proteção integral. Significativamente, a área total de UCs de proteção integral (federais, estaduais e municipais) é de 519.154 km², apenas 34,63% da *área total* de UCs; os 980.005 km² restantes, ou 65,37%, são afetados por UCs de uso sustentável (dados válidos para meados de 2011).[23] Dessa forma, as UCs fechadas para a agropecuária afetam apenas um terço da área alegada por Miranda e coautores. (Ver o Anexo, Tabela 1).

Como se vê, a distinção entre os dois grupos de UCs é altamente relevante. As UCs de uso sustentável, além de deterem dois

---

23 Dados retirados do *Cadastro Nacional de Unidades de Conservação do Ministério do Meio Ambiente (CNUC-MMA)*, disponível em http://www.mma.gov.br/areas-protegidas/cadastro-nacional-de-ucs (acessado em 27 de junho de 2013).

terços desse tipo de área protegida, permitem um amplo leque de atividades produtivas e de instalações de infraestrutura. As florestas nacionais, por exemplo, têm como finalidade específica a extração de bens de origem florestal. Não se pode alegar que elas tenham pouca importância dentro do SNUC, pois formam o tipo mais numeroso de UCs (65 de 304) e cobrem 24,99% da área total de UCs federais (as cifras respectivas para os parques nacionais são 64 e 24,09%).

Todos os tipos de UCs de uso sustentável permitem a residência permanente de pessoas e uma longa lista de atividades produtivas. Em reservas extrativistas e reservas de desenvolvimento sustentável, populações locais podem residir, migrar, coletar, caçar e pescar, fazer cultivos agrícolas, criar animais (inclusive gado), manejar espécies da fauna silvestre, fazer corte seletivo de árvores e mais algumas atividades. As florestas nacionais/estaduais são ou deveriam ser objeto de licitações para corte de árvores, extração de produtos não madeireiros e mineração, disputadas por empresas dos ramos. Em reservas extrativistas marinhas, pescadores artesanais podem ter direitos exclusivos de pesca de certas espécies ou de todas as espécies em áreas designadas; podem também criar peixes em cativeiro. Dutos de abastecimento de água, estradas, portos, usinas hidrelétricas, linhas de transmissão, torres de comunicação telefônica e de rádio e outras instalações podem existir em quase todas as UCs de uso sustentável.

As áreas de proteção ambiental – APAs são o caso extremo. Elas podem incluir fazendas familiares ou comerciais, indústrias e até cidades e distritos industriais inteiros. As APAs federais e estaduais cobrem sozinhas 426.273 km^2, correspondentes a significativos 5% do território brasileiro. 45,6% de toda a área coberta por UCs estaduais é de APAs.[24] Fica evidente que não

---

24 Idem.

existe exclusão de atividades agropecuárias (e outras) em UCs de uso sustentável.

É verdade que essas UCs contam com planos de manejo que regulam as atividades produtivas, mas algumas dessas regulações são válidas também para propriedade privadas (mesmo que elas não sejam amplamente obedecidas). De toda forma, apesar da definição legal de que essas UCs têm como objetivo o "uso sustentável da biodiversidade", elas não excluem atividades agropecuárias, como afirmam erradamente Miranda e coautores. Essa acusação cabe exclusivamente para as UCs de proteção integral. No entanto, essa distinção elementar reduz em dois terços a área computada pelos pesquisadores da Embrapa como "bloqueada" por UCs.[25]

Miranda e colaboradores ignoram também as RPPNs, reservas particulares do patrimônio natural. Elas são criadas por iniciativa de proprietários de terras e certificadas por órgãos ambientais. Esses proprietários não são unilateralmente afetados por decretos, como os que criam outras UCs. Embora as áreas médias e a área total das RPPNs sejam minúsculas, elas são o mais numeroso tipo de UC no Brasil.[26] Nessas reservas, os proprietários podem organizar ou promover atividades de educação ambiental, pesquisa, hospedagem e visitação, seguindo planos

---

25 É curioso acrescentar mais um argumento de Miranda e colaboradores – eles consideram que UCs, TIs e TQs são terras reservadas para "minorias populacionais". É claro que habitantes de reservas extrativistas, TIs e TQs não formam maiorias, às vezes sequer maiorias regionais ou locais. Mas, a expressão é dúbia, mesmo em termos meramente demográficos. Os pesquisadores da Embrapa não apresentam dados que indiquem que o conjunto de pessoas engajadas no agronegócio, por exemplo, forme algum tipo de "maioria" entre os brasileiros em geral, sequer entre os brasileiros rurais; a condição de maioria aparentemente lhes daria, segundo os Miranda e coautores, mais direitos do que as minorias.

26 De acordo com a Confederação Nacional de RPPNs, em fins de 2012 havia 1.081 RPPNs no Brasil, cobrindo uma área total de 7.037,24 km², menos de 0,1% do território nacional. O seu tamanho médio é de apenas 6,5 km². Ver http://www.reservasparticulares.org.br/relatorios/sumarizacao/bioma/, acessado em 27 de junho de 2013.

de manejo específicos. Embora as cifras não sejam grandes, elas mostram que mais de mil proprietários rurais não consideram que as UCs impeçam as suas práticas agropecuárias.

Em fins de 2012, se incluirmos as 1.081 RPPNs, o Brasil tinha 310 UCs federais, 508 UCs estaduais e 81 UCs municipais, chegando a um total de 1.980 UCs, cobrindo uma área total de 1.411.834 km². Isso representa 16,58% do território brasileiro. Essa cifra é robusta; ela fica acima da média mundial de 12,8%. Só os EUA (2.607.132 km²), Rússia (1.543.466 km²) e China (1.452.693 km²) têm áreas protegidas mais extensas do que o Brasil.[27] Embora essas cifras aparentemente confirmem as alegações de Miranda e colaboradores, o próprio Ministério do Meio Ambiente reitera que 88,3% das UCs de uso sustentável se prestam a "diversos usos econômicos que podem gerar efeitos positivos imediatos para a economia regional. As áreas remanescentes [de proteção integral] criam de fato restrições ao uso econômico imediato, mas por outro lado elas podem favorecer o desenvolvimento local."[28]

(ii) Terras Indígenas (TIs)

Os povos indígenas residentes no atual território brasileiro, à semelhança do que ocorreu em muitos outros lugares, foram submetidos a muitos atos de violência física, cultural e religiosa. Guerras, escravização, doenças e perseguições religiosas reduziram drasticamente as populações dos diferentes grupos, extinguiram muitos grupos e causaram fugas e migrações de outros. No censo brasileiro de 2010, o IBGE contou 817.963 indígenas,

---

27 Ministério de Meio Ambiente, *O Sistema Nacional de Unidades de Conservação da Natureza* (Brasília, MMA, 2011), p. 4, 5. Aqui ignoramos as áreas das 81 UCs municipais, que somam apenas 5.526 km².

28 Ministério do Meio Ambiente, *O Sistema...*, p. 12. Vale mencionar que nesta publicação o MMA lamentavelmente defende as UCs em termos dos seus potenciais produtivos, e não em termos de seu papel básico e legalmente embasado de proteger a biodiversidade. Ver a nota 11, acima.

meros 0,4% da população brasileira total, apesar do fato de que as taxas de crescimento populacional de muitos grupos indígenas estejam mais altas do que a média nacional.[29]

Atualmente, nem todos os indígenas residem em TIs ou em comunidades tribais. Não são poucos os que vivem em cidades próximas das TIs, pelo menos durante parte do ano. Ainda assim, durante os últimos 20 anos, aproximadamente, os indígenas do Brasil progrediram firmemente na recuperação ou confirmação de seus territórios e dos seus direitos exclusivos sobre os recursos associados a eles. Em fins de 2011, cerca de 13,1% do território brasileiro estavam designados como TIs. Novas designações estão sob estudo e podem elevar essa cifra a aproximadamente 15%.[30] Ver dados sobre a expansão das terras indígenas na Tabela 3 (Anexo).

Essa mudança ainda recente resultou de uma política federal que sofre forte resistência dos estados, políticos locais e organizações de fazendeiros, especialmente nas regiões Norte e Centro-Oeste, nas quais se localizam cerca de 90% das áreas das TIs. Para além do seu conteúdo humanitário e de reparação, as terras indígenas se tornaram uma variável de primeira grandeza dos pontos de vista do planejamento do uso do solo, da geopolítica nacional e do zoneamento ecológico-econômico.

Embora esta não seja a oportunidade ideal para colocar a minha discordância com a classificação brasileira de áreas protegidas, preciso tratar brevemente disso, pois é relevante

---

29   IBGE (Instituto Brasileiro de Geografia e Estatística). Resultados Preliminares do Universo do Censo Demográfico 2010. Disponível em http://www.ibge.gov.br/home/estatistica/populacao/censo2010/resultados_preliminares/preliminar_tab_uf_zip.shtm. Acessado em 27 de junho de 2013.
30   Ver Ministério Público Federal – Procuradoria Geral da República, "Índios e Minorias – listagem de terras indígenas federais." 2011. Disponível em http://6ccr.pgr.mpf.mp.br/documentos-e-publicacoes/terras-indigenas/tis/listagem-de-terras--indigenas-funai-2011.xls/view. Acessado em 17 de setembro 2013. Comunicação pessoal de funcionários da FUNAI. Brasília, 2012.

para os meus objetivos. Entendo que as TIs têm uma relação no máximo incidental com as políticas ambientais de proteção da biodiversidade, como, por exemplo, a política de UCs. Não se trata de uma crítica aos povos indígenas, aos seus direitos à terra, ou aos seus modos de usar a terra e os seus recursos. Muito pelo contrário, entendo que a legitimidade da TIs têm uma base muito mais forte e um significado cultural mais profundo do que as áreas protegidas em virtude de características naturais. As TIs são uma magra reparação que a sociedade brasileira faz aos remanescentes dos habitantes originais do território brasileiro, para que eles vivam de acordo com os seus modos costumeiros. Considero que a inclusão de TIs na categoria de áreas protegidas dilui uma fundamentação muito mais forte. Essa fundamentação é a dos "direitos ancestrais" dos povos indígenas, em detrimento dos direitos de qualquer outro grupo de brasileiros.[31] Além disso, não faz sentido transferir essas terras aos povos indígenas sob a condição de que eles adotem um certo padrão de comportamento em relação ao ambiente natural, quando esse padrão é fracamente disseminado entre o conjunto dos brasileiros.

Voltando ao assunto central deste texto, Miranda e colaboradores estão certos quando apontam a existência de restrições ao uso de recursos naturais nas TIs. Essas restrições se aplicam a atividades agropecuárias de não indígenas e a instalações de infraestrutura, e algumas delas se aplicam aos próprios indígenas. Mas, eles erram quando afirmam que a agropecuária é proibida nas TIs. Estão legalmente excluídas nas TIs a agricultura familiar e a do agronegócio. Ao se permitir a coleta vegetal, a caça, a pesca, cultivos agrícolas e criação de animais e ao se tolerar até corte de

---

31 A alegação "politicamente correta" de que povos indígenas em geral vivem "em harmonia" com o ambiente natural, mesmo que fosse empiricamente comprovável, é frágil em face do seu direito constitucional às suas terras. Entendo, portanto, que a ancestralidade, um fato social e cultural indiscutível, esvazia a alegada "harmonia".

árvores e mineração, as TIs sustentam as populações indígenas da mesma forma que a agropecuária sustenta não indígenas. Mas, é claro, povos indígenas não são operadores do agronegócio e os seus respectivos empreendimentos agropecuários guardam muitas diferenças entre si.

Esse é precisamente o motivo maior pelo qual considero despropositada a classificação das TIs como áreas protegidas. Mantenho essa posição mesmo sabendo que as TIs sofrem menos cortes rasos em média do que terras particulares, do que terras públicas não supervisionadas e até do que algumas UCs mal geridas. No entanto, o que importa mais para este texto é que Miranda e colaboradores estão errados quando consideram as TIs fechadas para a agropecuária.[32] Portanto, as cifras que eles apresentam sobre terras fechadas para a agropecuária perdem mais 13,1% do território brasileiro.

(iii) Terras de Quilombolas (TQs)

A comunidades residentes em TQs são formadas por descendentes de escravos negros fugidos. A escravidão dos negros foi abolida em 1888, mas a essa altura centenas de comunidades de escravos fugidos tinham se formado na maior parte dos atuais estados brasileiros. Existem no Brasil cerca de 1.800

---

32 Dois pontos adicionais são relevantes. Primeiro, UCs e TIs competem entre si por terras. As TIs têm sido a principal causa de redução das áreas de UCs, e algumas sobreposições ainda existentes tendem a ser resolvidas em favor das TIs. Isso passa despercebido por Miranda e coautores. Ver Fany Ricardo, ed., *Terras Indígenas & Unidades de Conservação – o desafio das sobreposições* (São Paulo: Instituto Socioambiental, 2004). Segundo, em anos recentes vários grupos indígenas abriram as suas terras à criação de gado, ao corte de árvores e ao garimpo, engajando-se diretamente nessas atividades ou "alugando" as suas terras para que terceiros as realizem e paguem "royalties". A legalidade dessas atividades é duvidosa. Uma matéria jornalística típica e recente sobre o assunto está em <http://www1.folha.uol.com.br/poder/1220815-indios-alugam-terras-para-exploracao-ilegal-de-madeira.shtml>

comunidades quilombolas reconhecidas.[33] Elas derivam o seu reconhecimento de um preceito da Constituição Federal de 1988 que prevê a titulação coletiva dessas terras. Essas comunidades são tipicamente pequenas, se localizam em áreas bem isoladas e os seus integrantes geralmente estão entre os mais pobres habitantes rurais de suas regiões. A partir dos anos 1990, centenas de comunidades quilombolas foram identificadas, reconhecidas e receberam a titulação de suas terras, num processo que se desenvolve caso a caso. Essas comunidades geralmente praticam formas bem modestas de agricultura e criação de animais para fins de subsistência.

Tal como fez com as TIs, o MMA transfigurou esse ato tardio de reparação numa matéria de política ambiental. Ele considerou que as TQs deveriam ser consideradas protegidas por causa de uma alegação infundada de que os quilombolas têm um compromisso inato com a preservação da biodiversidade. Penso que, tal como no caso dos indígenas, não há sentido em exigir que os quilombolas, para terem direito às suas terras, adotem um comportamento "harmonioso" em relação à natureza quando o conjunto da sociedade brasileira não o adota. Os seus direitos territoriais têm fundamentos bem mais coerentes e bem mais fortes.

Não vou me estender mais sobre essa questão além de lembrar que agricultura, pecuária, caça, pesca, retirada de madeira e mineração são permitidas em TQs. Em suma, essas terras não são fechadas para a agropecuária, conforme sustentam equivocadamente Miranda e colaboradores. O único motivo pelo qual eles não dedicam muita atenção às TQs é que a sua abrangência

---

33 Ver Charles C. Mann, *1493 – Uncovering The New World Columbus Created* (New York, Knopf, 2011) sobre os grandes números de escravos africanos transferidos à força para o continente americano desde os primeiros anos de colonização europeia e a consequente formação de numerosas comunidades quilombolas, no Brasil e em outros lugares das Américas. Informações sobre as comunidades quilombolas atuais do Brasil constam de http://www.palmares.gov.br/?lang=en, acessado em 29 de junho de 2013.

total é mínima – apenas 11.787, 17 km², ou 0,13% do território nacional (ver a Tabela 2, Anexo).

(iv) Áreas de Proteção Permanente – APPs

As APPs são um tipo de área protegida muito diferente de UCs, TIs e TQs. Primeiro, as APPs são mais antigas. A sua criação remonta ao Código Florestal de 1934 (Decreto 23.793, de 23 de janeiro de 1934); o seu conceito foi confirmado e ampliado pelo Código Florestal de 1965 (Lei 4.771, de 15 de setembro de 1965). Segundo, elas incidem sobre todas as propriedades rurais privadas e públicas no Brasil, inclusive aquelas sujeitas a algum tipo de concessão (para mineração, por exemplo). Terceiro, elas correspondem a parcelas variáveis de cada propriedade rural. Quarto, essas parcelas são definidas por traços biofísicos – topos de morros, encostas inclinadas (45 graus ou mais), nascentes, margens de rios e várzeas associadas, áreas úmidas, restingas, dunas, bordas de chapadas e todas as terras situadas acima da cota de 1.800 metros snm. A vegetação nativa, de qualquer tipo, que ocorra nessas partes das propriedades é colocada sob proteção integral.

É relevante colocar que a razão de criação das APPs não foi a proteção da biodiversidade, de paisagens nativas ou de aspectos físicos excepcionais, mas a conservação de recursos naturais para fins de uso agropecuário. As APPs foram concebidas para evitar a erosão de solos e o assoreamento de rios, proteger nascentes, controlar enchentes, proteger a fauna "útil" etc. – tudo isso para permitir o uso produtivo de longo prazo de áreas rurais. As APPs podem até ajudar a proteger a biodiversidade, mas isso é consequência de sua finalidade principal – proteção da vegetação nativa.

A área conjunta das APPs nunca tinha sido computada em escala nacional até o estudo de Miranda e colaboradores. Algumas medições de APPs tinham sido feitas em escala local ou em pequenos agrupamentos de propriedades rurais. A equipe da Embrapa inovou: usou imagens orbitais que cobrem todo o território nacional, identificou APPs e somou as áreas identificadas, sem considerar a sua incidência em cada propriedade. Essas imagens, relativamente recentes, foram geradas pela *Topographical Radar Orbital Mission* (executada em diversas etapas pelas *space shuttles* dos EUA). As imagens foram escaneadas com um algoritmo projetado para identificar quatro tipos de APPs: (i) topos de morros, (ii) encostas inclinadas, (iii) terras acima de 1.800m snm e (iv) margens de rios.[34] Outros tipos de APPs não foram pesquisadas.

Finalmente Miranda e coautores estão corretos quando afirmam que as APPs são "fechadas" para a agropecuária. Por outro lado, eles sabem que as APPs têm a finalidade de proteger a produção agropecuária, direcionando-a para as parcelas mais recomendáveis de cada propriedade. Mas, eles não mencionam isso, da mesma forma que não mencionam as terras degradadas e abandonadas nas quais medidas conservacionistas provavelmente nunca foram adotadas e as APPs foram desmatadas. Os pesquisadores da Embrapa mencionam APPs exclusivamente como áreas fechadas à agropecuária. É verdade que em áreas com relevo agressivo e/ou redes densas de rios e riachos parcelas significativas de cada propriedade podem ser classificadas como APPs, restringindo muito a área aproveitável.[35] Relevos mais suaves e redes hidrográficas menos densas significam, por outro lado, APPs menos extensas.

O ponto mais importante para fins deste texto é que as APPs afetam todos os proprietários de terras. Isso contrasta com UCs, TIs e TQs, que afetam diretamente apenas os proprietários vizinhos a elas. Na medida em que se defende a redução de APPs, é

---

34 Para as margens dos rios, os autores usaram também bases de dados da Agência Nacional de Águas – ANA.
35 Miranda e colaboradores se preocupam especialmente com áreas montanhosas e úmidas em que se concentram fazendeiros familiares.

fácil ganhar apoio de dezenas de milhares de proprietários rurais, enquanto a oposição a UCs, TIs e TQs em princípio mobilizará números reduzidos de proprietários.

Miranda e coautores mostraram que 17,01% do território brasileiro são de APPs e, portanto, estão fechados para a agropecuária. Eles fazem questão de dizer que essa cifra cresceria muito se eles fizessem uma interpretação mais refinada das imagens ou se incluíssem outros tipos de APPs. Essa inclusão sem dúvida inflaria a cifra, mas os autores não mencionam que esses outros tipos de APPs ocorrem em parcelas de terras crescentemente marginais para a agropecuária – estuários e deltas, dunas, matas costeiras de restinga, áreas inundadas, bordas de chapadas etc. Ainda assim, 17,01% é uma cifra significativa. Ela é praticamente igual à área conjunta das UCs e superior à área conjunta de TIs. Dessa forma, as APPs se tornam alvos fáceis para a crítica de Miranda e colaboradores.

(v) Reservas Legais (RLs)

O papel de maior inimigo da expansão da agropecuária, de acordo com Miranda e coautores, ficou para este quinto tipo de área protegida, as reservas legais – RLs. Elas foram instituídas pelo Código Florestal de 1965. São definidas como uma área "localizada dentro de uma propriedade, excluindo a área de preservação permanente [APP], exigida para o uso sustentável dos recursos naturais, a conservação e renovação dos processos ecológicos, a conservação da diversidade biológica e a proteção da flora e fauna nativas."[36]

Para cada um dos biomas e áreas de transição entre biomas do território brasileiro foi definida uma percentagem que cada propriedade deve colocar sob o regime de RL. Os extremos mais alto e mais baixo de RLs são 80% de cada propriedade no bioma

---
36 Artigo 1, § 2, III, do Código Florestal de 1965.

Amazônia e 25% no bioma Mata Atlântica. No entanto, a localização exata da RL dentro de cada propriedade não é definida por aspectos naturais, tal como ocorre no caso das APPs; ela é decidida pelo proprietário. Embora a proteção da biodiversidade seja listada como um dos objetivos das RLs, a sua justificativa principal é a mesma que a das APPs: conservação dos recursos para permitir atividades agropecuárias a longo prazo. Uma outra similaridade entre RLs e APPs é que ambas afetam todas as propriedades rurais.

Foi mais fácil para Miranda e colaboradores calcular a área total das RLs do que a das APPs. Eles aplicaram as percentagens legalmente definidas às percentagens de cada bioma brasileiro e somaram as percentagens obtidas para todos os biomas. De novo, eles não mediram as RLs no nível de cada propriedade individual. No entanto, algumas dificuldades conceituais obrigaram os pesquisadores a trabalhar com três cenários distintos para as RLs. No fim, eles adotaram a cifra de 2.685.542 km² de RLs (equivalentes a 31,54% do território brasileiro).[37] Essa cifra supera em muito as cifras referentes a UCs, TIs, TQs e APPs tomadas individualmente.

É de fato uma área grande, mas Miranda e coautores não estão inteiramente certos ao considerarem as RLs fechadas para a agropecuária. Elas podem ser usadas para atividades agropecuárias vagamente definidas como "sustentáveis". Empréstimos governamentais, créditos bancários e programas de desenvolvimento regional (um exemplo é o programa conhecido como "Pró-Várzeas") estimularam proprietários de várias regiões a

---

37 Miranda e colaboradores tiveram que lidar, por exemplo, com incertezas sobre as percentagens exatas válidas para propriedades localizadas em áreas de transição entre biomas. Outras incertezas brotam de decisões controvertidas de alguns fazendeiros e de secretarias locais de agricultura e/ou meio ambiente de subtrair – contra a letra do Código Florestal de 1965 – as APPs das RLs, reduzindo assim as cifras das somas de APPs com RLs.

dar início a atividades supostamente sustentáveis em suas RLs. Matérias na mídia focalizam recorrentemente proprietários que são multados "injustamente" exatamente por suprimirem as suas RLs (com atividades nada sustentáveis, por certo...), apesar de terem recebido estímulos oficiais para fazer isso. Por vezes, eles contestam essas multas na justiça e tentam até conseguir financiamento público para a "recuperação" de suas RLs reduzidas ou degradadas.

6 – Qual é a área de fato fechada para a agropecuária?

Vistos os tipos de áreas protegidas, vamos conferir agora se a cifra de 22,8% do território brasileiro que estaria disponível para a agropecuária, de acordo com os cálculos de Miranda e colegas, é confirmada.

A – No caso das UCs, usamos os dados da Tabela 1 (Anexo). A área total fechada para a agropecuária corresponde apenas à das UCs de proteção integral. A cifra correta é obtida pela operação seguinte:

$$1.499.158 \text{ km}^2 - 980.005 \text{ km}^2 = 519.153 \text{ km}^2$$
$$= 6,09\% \text{ do território brasileiro}$$

em que

$1.499.158 \text{ km}^2$ = área total de todas as UCs (federais, estaduais, municipais) – 17,60% do território brasileiro

980.005 km^2 = área total de todas as UCs de uso sustentável – 11,50% do território brasileiro

519.153 km^2 = área total de todas as UCs de proteção integral – 6,09% do território brasileiro

B – No que toca às TIs, havia 685 delas em setembro de 2012, ocupando um total de $1.129.552 \text{ km}^2$, ou 13,3% do território brasileiro. 430 delas estavam integralmente certificadas, enquanto as outras 255 estavam em estágios avançados de certificação.[38] Como argumentei acima, as TIs não são fechadas para a agropecuária.

C – No que diz respeito às TQs, os dados disponíveis, além de difíceis de obter, são difíceis de usar, por causa do complexo processo de certificação dessas terras. Os dados consolidados disponíveis mais recentes, gerados pela Fundação Cultural Palmares, são de dezembro de 2008 (o mesmo ano da publicação do relatório de Miranda e colegas) (ver Tabela 2, Anexo). Para fins deste texto, levamos em conta os números e áreas das TQs que estão no último e penúltimo estágios de certificação; elas somam pouco menos da metade do total de TQs certificadas e sob estudo. O total obtido é bem pequeno:

$$9.553,33 \text{ km}^2 \text{ (último estágio)} + 2.233,84 \text{ km}^2$$
$$\text{(penúltimo estágio)} = 11.787,17 \text{ km}^2$$
$$= 0,13\% \text{ do território brasileiro}$$

As TQs, conforme argumentei acima, não são fechadas para a agricultura.

(D) Aceitarei os dados de Miranda e colegas sobre APPs, pois foram obtidos a partir de uma base de dados rica e nova, tratados de alta tecnologia e com uma bem explicada metodologia de interpretação. Outro motivo para aceitar é a falta de outras estimativas comparáveis. Assim, trabalharei com a cifra

---

38   Essas cifras foram retiradas de http://pib.socioambiental.org/pt/c/0/1/2/demarcacoes-nos-ultimos-governos (acessado em 27 de junho de 2013). A FUNAI divulga cifras um pouco diferentes. Funcionários da FUNAI calculam que a cifra de 13,3% deve crescer nos próximos anos e chegar a um pouco menos de 15% (comunicação pessoal).

de 1.448.535 km², ou 17,01% do território nacional. Essa área é legalmente fechada à agropecuária.

E –Aceitarei também a cifra computada para RLs pelos pesquisadores da Embrapa – 2.685.542 km², ou 31,54% do território brasileiro. Vou ignorar o fato de que algumas atividades produtivas são permitidas em RLs, aceitando tacitamente a afirmação duvidosa de que elas são fechadas para a agricultura.

A Tabela 1, abaixo, resume e compara os resultados obtidos por Miranda e colaboradores e por mim.

Tabela 1 – Brasil: Comparações entre os cálculos das áreas de cinco tipos de áreas protegidas que impedem (ou não) a agropecuária, de acordo com Miranda e colaboradores e com Drummond (km²)

áreas protegidas	área (km²) / % do território nacional (Miranda e colaboradores)	área (km²) / % do território nacional (Drummond)
Unidades de Conservação	1.337.649 / 15,71%	519.154 / 6,09%
Terras Indígenas	1.087.213 / 12,77%	abertas à agropecuária
Terras de Quilombolas	---	abertas à agropecuária
APPs	1.448.535 / 17,01%	1.448.535 / 17,01%
RLs	2.685.542 / 31,54%	2.685.542 / 31,54%
total	6.558.939 / 77,02%	4.665.018 / 54,78%

--- não incluídas nos cálculos
Fontes: Pesquisa do autor; Miranda et al (2008).

Por meio de uma operação simples que leva em conta o fato óbvio de que as UCs de uso sustentável, as TIs e as TQs são abertas à agropecuária (para não mencionar outras atividades), os meus cálculos reduzem as terras fechadas para agropecuária de 77,02% para 54,78% do território nacional. Isso deixa 45,22% abertos para a agropecuária, e não os 22,98% alegados por Miranda e coautores. Isso corresponde a praticamente o dobro da cifra estimada pelos pesquisadores da Embrapa e a uma área praticamente sete vezes maior que o território da França.

Convenientemente, os cálculos de Miranda e coautores excluíram extensas áreas de APPs e RLs que eles reconhecem terem sido ilegalmente suprimidas nas últimas décadas. Se bem que não existam cifras consensuais sobre a extensão dessas áreas em escala nacional, essa lacuna contribui para que as suas contas não fechem. Embora não tentem calcular a sua extensão, os pesquisadores da Embrapa reconhecem a existência dessas áreas suprimidas de APPs e RLs e chegam até a citar cultivos agrícolas que, conforme eles mesmos reconhecem, só existem pelo fato de ocupar preferencialmente APPs em encostas íngremes (café, laranja, maçã, uva, flores, cana de açúcar e fumo) e em áreas úmidas (arroz e búfalos).

Como argumentei acima, se "apenas 22,98%" do território brasileiro é uma enorme extensão para atividades agropecuárias, a cifra de 45,22% que eu computei é o dobro da primeira.[39] Em suma, os dados mostram que a agropecuária brasileira não sofre constrangimentos de espaço, nem está com a sua expansão impedida, tendo inclusive, em muitos casos, extrapolado as áreas de APPs e RLs ilegalmente.

7 – Expansão das atividades agropecuárias e de instalações de infraestrutura

Mostrar que existe muito mais terra aberta para a agropecuária do que o alegado por Miranda e coautores é apenas parte da minha crítica a eles. Nesta seção reúno e discuto dados que mostram um fato distinto, porém relevante. Atividades agropecuárias, instalações de infraestrutura, UCs e TIs.expandiram as

---

39 A esta altura deve estar claro que nenhuma das duas cifras inclui áreas urbanizadas e de instalações de infraestrutura.

suas áreas de incidência nos últimos 30 anos. Os pesquisadores da Embrapa não registram esse crescimento generalizado. A Tabela 2 (abaixo) contém dados recentes sobre as áreas ocupadas por um conjunto selecionado de atividades agropecuárias e instalações de infraestrutura. Ela é seguida por breves comentários, explicações, informações sobre fontes e comparações entre as áreas ocupadas pelos diferentes usos.

Tabela 2 – Brasil – áreas afetadas por 12 atividades agropecuárias e instalações de infraestrutura (2008-2011), em ordem decrescente de área (km^2)

atividade / instalação	área / comprimento absoluto	% do território nacional
1- criação de gado (2008)	1.723.330,73 km^2	20,23%
2 – todos os cultivos agrícolas (2008)	766.973,24 km^2	9,00%
3 – área desmatada acumulada na Amazônia Legal (2008)	739.418 km^2	8,68%
4 – área total concedida para pesquisa e lavra mineral (2009)	518.293,89 km^2	6,08%
5 – assentamentos de reforma agrária (2009)	470.000 km^2	5,51%
6 – área total concedida para pesquisa e lavra de petróleo e gás natural (2009)	300.112,01 km^2	3,52%
7 – florestas plantadas para fins comerciais (2009)	63.000 km^2	0,74%
8 – estradas (2009)	1.634.071 km / 49.022,13 km^2	0,57%
9 – lagos criados por barragens hidrelétricas (2009)	36.767,19 km^2	0,43%
10 – linhas de transmissão de energia elétrica (2009)	90.654,30 km / 2.719,62 km^2	0,032%
11 – ferrovias (2009)	29.817 km / 894,51 km^2	0,001%
12 – dutos diversos (petróleo cru e derivados, gás natural, álcool, metanol etc.) (2009)	16.986 km / 339,72 km^2	0,001%

Fontes: ver texto (abaixo)

Item 1. 1.723.330,73 km² (20,23% do território brasileiro) são dedicados apenas à criação de gado.[40] Essa cifra supera as cifras das UCs, das TIs e das APPs.

Item 2. 766.973,24 km² (9,00% do território brasileiro) é a área conjunta de todos os cultivos agrícolas.[41] Isso significa que criação de gado e agricultura ocupam sozinhos quase um terço do território (29,23%). Essa cifra é maior do que a de 22,98% alegada por Miranda e coautores como o teto da área disponível para a agricultura. Os autores não lidam com essa sua contradição porque ignoraram os dados oficiais sobre as áreas cultivadas.[42] De toda forma, estas duas cifras não são consistentes com o cenário alegado de restrições sérias para a expansão da agropecuária.

Item 3. A cifra de 739.418 km² (8,68% do território nacional) de florestas amazônicas desmatadas é praticamente igual à da área total sob cultivo agrícola no país, embora uma cifra nada tenha a ver diretamente com a outra.[43] A maior parte desse desmatamento ocorreu nos últimos 25 a 30 anos, quando se expandiam as áreas agrícolas e pecuárias dentro e fora da Amazônia. Essa cifra tem, evidentemente, um grau desconhecido de sobreposição com as cifras dos itens 1 e 2. Por isso, ela não deve ser somada a elas. No entanto, ela dá uma ideia do forte ímpeto com que o corte de árvores, a criação de gado e a agricultura se movimentam em áreas de expansão da fronteira

---

40 Fonte: Instituto Brasileiro de Geografia e Estatística, *Levantamento Sistemático da Produção Agrícola*. (Rio de Janeiro, IBGE, 2009).
41 Fonte: Instituto Brasileiro de Geografia e Estatística, *Levantamento*....
42 Essa discrepância deve ser explicada em grande parte pelo uso de APPs e RLs para fins agropecuários em muitas propriedades, possibilidade (ou realidade) que os autores ignoram ou mesmo reconhecem como legítima. No entanto, a bancada ruralista no Congresso Nacional foi mais realista e fez um esforço específico para transformar essas áreas ilegalmente desmatadas em "área agrícolas consolidadas", conforme ficou estabelecido no Código Florestal de 2012. Isso livrou os donos dessas áreas de multas e da obrigação de recuperar as suas APPs e RLs.
43 Fonte: INPE – PRODES – *Dados Consolidados 2007-2008*. Disponível em www.inpe.br. Acessado em 29 de junho de 2013.

agropecuária, convertendo vastas porções de florestas e cerrados para a agropecuária e, em muitos casos, deixando para trás grandes parcelas de terras "usadas" (que em documentos coloniais eram descritas pelos seus donos como "cansadas"). Isso não é coerente com o quadro de uma agricultura "confinada".

Item 4. 518.293,89 km^2 (6,08% do território nacional) são ocupados por 35.562 perímetros individuais "concedidos para produção e pesquisa mineral".[44] Conforme explicado acima, essas áreas são concedidas por vários anos, durante os quais nenhuma outra atividade produtiva pode ocorrer nelas, mesmo que não ocorra pesquisa ou produção. A fonte enfatiza que possíveis sobreposições entre as áreas concedidas não são levadas em conta na cifra divulgada (que assim seria menor). De toda forma, a cifra de 6,08% coloca a pesquisa mineral e a extração mineral como dois dos mais importantes usos de solo no Brasil e que, ainda por cima, limitam atividades agropecuárias praticamente tanto quanto as UCs de proteção integral. O leitor desavisado não é informado sobre isso por Miranda e coautores, cujo viés contra as áreas protegidas distorce os seus resultados e inferências.

Item 5. 470.000 km^2 (5,51% do território brasileiro) estão ocupados por assentamentos de reforma agrária.[45] Essa área está incluída nas cifras referentes aos itens 1 e 2 (acima) e por isso não deve ser somada a elas. Estes assentamentos se tornaram uma modalidade significativa e altamente visível de uso e ocupação do território,

---

44   Fonte: Departamento Nacional de Produção Mineral – DNPM (www.dnpm.gov. br). Acessado em 25 de junho de 2013.
45   Fonte: François-Michel Le Tourneau e Marcel Bursztyn. Assentamentos rurais na Amazônia: contradições entre a política agrária e a política ambiental. *Ambiente e Sociedade,* 13(1), junho de 2010, pp. 111-130. Essa cifra foi calculada pelos autores em meados de 2009 a partir de bases de dados não consolidadas, organizadas por diversas repartições do INCRA. Os dados registram todos os assentamentos de reforma agrária criados a partir da década de 1960. Não há informações seguras sobre sobreposições entre assentamentos nem sobre abandono de lotes pelos beneficiários da reforma agrária.

mas Miranda e coautores não lhes dedicam qualquer atenção. É significativo apontar que a grande maioria desses assentamentos foi criada apenas a partir de 1995, quando UCs, TIs e TQs também estavam crescendo rapidamente.

Item 6. 300.112,01 km² (3,52% do território nacional) estão concedidos para pesquisa e a extração de petróleo e gás natural. As concessões nas quais ainda não começaram atividades foram excluídas da cifra.[46] Tal como as áreas concedidas para fins de mineração, essas áreas ficam indisponíveis para quaisquer outras atividades. Porém, a cifra pode estar sobrestimada, porque muitas concessões se referem a áreas da plataforma continental (não computada na cifra que uso da superfície territorial do Brasil); no entanto, a fonte não discrimina essas áreas. Nos últimos anos, é da plataforma continental que têm vindo a maior parte da produção e das descobertas de novas reservas. Ainda assim, é criticável a ausência dessas áreas concedidas na análise de Miranda e colegas, pois pesquisa e extração de petróleo e gás natural se tornaram há décadas importantes usos do solo. As áreas concedidas para elas excluem a agropecuária em uma área equivalente a mais de 50% da área de UCs de proteção integral e a mais de 25% da área de TIs. Não existe motivo lógico para excluí-las de uma análise abrangente das alternativas de uso do solo.

Item 7. Em fins de 2009, a área total de florestas homogêneas plantadas para fins comerciais (principalmente com variedades de pinheiros e eucaliptos) era de 63.000 km² (0,74% do território nacional). Essas plantações se espalham por dezenas de milhares de propriedades localizadas em mais de uma dúzia de estados.[47] As

---

46 Fonte: Carta 80/2009, 29 de maio de 2009, do Diretor Geral da Agência Nacional do Petróleo.
47 Fonte: Bracelpa – Associação Brasileira de Celulose e Papel (www.bracelpa.org.br). Acessado em 30 de junho de 2013. Ver também dados divulgados pelo site da Associação Brasileira de Produtores de Florestas Plantadas (ABRAF) – www.abraflor.org.br. Acessado em 30 de junho de 2013.

fontes informam que as áreas plantadas com árvores são registradas distintamente das áreas agrícolas e pecuárias quando ocorrem nas mesmas propriedades. Assim, o plantio comercial de árvores é compatível até certo ponto com outras atividades produtivas rurais, embora todas elas compitam entre si por espaço. Esses plantios e a sua forte expansão também estão ausentes do relatório de Miranda e colegas, talvez por serem parte da agricultura modernizada claramente apoiada pelos autores. De toda forma, as florestas plantadas ocupam uma área que está longe de ser insignificante em escala nacional – 1,5 vezes a área do estado do Rio de Janeiro.

Item 8. O Brasil tem 1.634.071 km lineares de estradas e rodovias federais, estaduais e municipais.[48] No entanto, essas vias não são estritamente lineares – o mesmo ocorre com ferrovias, linhas de transmissão e dutos – ver abaixo). Elas têm faixas de rolamento e de servidão variadas que lhe dão uma segunda dimensão – largura. Larguras médias ou estimadas podem ser usadas para calcular as áreas dedicadas exclusivamente a faixas trânsito de veículos, acostamentos, retornos, viadutos, faixas de servidão, canteiros centrais, sinalização, postes telefônicos e de eletricidade, cabos enterrados, bueiros de escoamento de águas pluviais etc. Estimando em 30 m a largura média dos diversos tipos de estrada e rodovia, os 1.631.071 km lineares acima registrados se transformam em uma área insuspeitadamente significativa de 49.022,13 km^2 (0,57% do território nacional). Surpreendentemente, talvez, essa é uma área maior que a do Estado do Rio de Janeiro. Miranda e coautores não levam em conta essas áreas monopolizadas por estradas e rodovias.

Item 9. Existem 36.767,19 km^2 (0,43% do território nacional) de áreas inundadas artificialmente por barragens de usinas hidrelétricas.[49] A ANEEL informa que o Ministério de Minas e

---

48 Fonte: *Boletim Estatístico da Confederação Nacional dos Transportes* (Brasília, março de 2009).
49 Fonte: Carta 217/2009, de 22 de junho de 2009, da Superintendência de Relações

Energia tem planos para construir 89 novas usinas hidrelétricas até 2015, inclusive algumas de grande porte, situadas na região amazônica.[50] É claro que as áreas inundadas ficam indisponíveis para a maior parte das atividades agropecuárias, com exceção da criação de animais aquáticos. Mas, Miranda e coautores não dedicam qualquer atenção a elas. A cifra de 0,43% coloca essas áreas inundadas na mesma ordem de grandeza que as áreas imobilizadas por estradas e rodovias (item 7).

Item 10. Existem no Brasil 90.654,30 km lineares de linhas de transmissão de energia elétrica.[51] Linhas de transmissão também têm larguras, por vezes bem alentadas, que as levam a monopolizar áreas bem consideráveis. As larguras das faixas de servidão das linhas variam de acordo com a voltagem da energia transmitida, a vegetação nativa, a topografia, a densidade populacional das áreas atravessadas, a necessidade de estradas de serviço, a presença de corpos d'água etc.[52] Se estimarmos uma largura média de 30 m (15 para cada lado), as áreas afetadas por todas as linhas de transmissão brasileiras chegam a 2.719,62 km² (0,032% do território nacional). Essa cifra é bem menor do que as demais aqui identificadas, mas essas áreas de linhas de transmissão são diretamente relevantes ao tópico mais amplo em discussão, pois

---

Institucionais da Agência Nacional de Energia Elétrica – ANEEL.

50 Fonte: Agência Nacional de Energia Elétrica, *Atlas de Energia Elétrica do Brasil* (3 ed. Brasília, ANEEL, 2008), Parte 1. Por exemplo, a construção da UHE de Belo Monte, no rio Xingu, começou em 2011. Em 2013, três UCs na Amazônia tiveram as suas áreas reduzidas pelo governo federal, para acomodar partes dos lagos a serem formados por novas hidrelétricas.

51 Fontes: Carta 217/2009, de 22 de junho de 2009, Superintendência de Relações Institucionais da Agência Nacional de Energia Elétrica; Agência Nacional de Energia Elétrica, *Atlas de Energia Elétrica do Brasil* (3 ed. Brasília, ANEEL, 2008), p. 30. Essa cifra exclui linhas curtas que não se conectam ao *grid* nacional. A ANEEL anunciava em 2009 planos para construir, até 2011, mais 11.500 km de novas linhas de transmissão.

52 Ver Ministério de Minas e Energia, *Estudos Associados ao Plano Decenal de Expansão da Energia Elétrica. Procedimentos e Critérios para os Estudos Socioambientais* (Brasília, maio de 2006), p. 21-22.

elas restringem ou mesmo exigem a proibição de certas atividades produtivas rurais – o uso do fogo e de maquinário agrícola pesado, plantio de árvores (inclusive pomares) e até a localização de prédios e instalações. Mais uma vez Miranda e colegas ignoram um tipo de terras interditadas para a agropecuária.

Item 11. Existem 29.817 km lineares de ferrovias no Brasil.[53] Estimando uma faixa de servidão média de 30 m (15 m para cada lado), vemos que 894,51 km² (0,001% do território nacional) são dedicados apenas ao transporte ferroviário e a equipamentos e instalações associados. De novo, a cifra é minimalista, mas Miranda e coautores não tratam de ferrovias.

Item 12. Há no Brasil 16.986 km lineares de dutos usados para transportar matérias primas energéticas e produtos derivados. Eles são licenciados pela Agência Nacional do Petróleo – ANP.[54] Estimando uma faixa de servidão de 20 m (10 para cada lado), chega-se a uma área de 339,72 km² (0,001% do território nacional), outra cifra minimalista. Todavia, esses dutos não são estudados por Miranda e colaboradores.

A atenção, mesmo que sumária, a esses 12 itens deixa claro que as terras agropecuárias competem por espaço não apenas com áreas protegidas, mas com diversos outros usos. Esses usos foram inteiramente ignorados por Miranda e coautores ou apenas mencionados de passagem. Alguns têm áreas medidas ou estimáveis; outros, infelizmente, não contam com áreas agregadas medidas ou estimadas (como os supramencionados aeroportos, portos, aterros, estações de tratamento de água e de esgoto etc.). A minha inferência é que o confinamento das atividades

---

53 Fonte: *Boletim Estatístico da Confederação Nacional dos Transportes* (Brasília, março 2009).
54 Fonte: Carta 80/2009, 29 de maio de 2009, assinado pelo Diretor Geral da ANP.

agropecuárias, mesmo que tivesse ocorrido no passado recente, não teria sido apenas por causa das áreas protegidas.

Cabe ainda considerar algumas cifras referentes às áreas cultivadas com produtos específicos (ver os dados da Tabela 3, abaixo). Assim como outras cifras aqui discutidas, essas igualmente não corroboram o cenário desenhado por Miranda e coautores de confinamento do empreendimento agropecuário nacional por áreas protegidas. Significativamente, eles não usaram esses dados – facilmente disponíveis – no seu relatório.

Tabela 3 – Brasil: áreas ocupadas por 21 cultivos de grande escala (temporários e permanentes), em ordem decrescente de área colhida (km^2)

cultivos	áreas colhidas (km^2)	% do território nacional brasileiro
soja	212.717,62*	2,49
milho	144.433,37*	1,69
cana de açúcar	81.412,28*	0,95
feijão	37.794,49*	0,44
arroz	28.616,65*	0,33
trigo	23.735,72*	0,27
café	22.160,14*	0,26
mandioca	18.608,00*	0,21
algodão herbáceo	10.570,32*	0,12
laranja	8.334,09*	0,09
sorgo	8.116,62*	0,09
castanha de caju	7.040,00**	0,08
cacau	6.550,09*	0,07
banana	5.050,00**	0,06
fumo	5.020,00**	0,06
coco	2.810,00**	0,03
mamona	1.564,12*	0,01
batata	1.448,29*	0,01
uva	740,00**	0,008
maçã	360,00**	0,004
guaraná	129,48**	0,002

* 2008; ** 2005

Fontes: para 2005: Ministério da Agricultura, Agropecuária e Abastecimento, *Agricultura Brasileira em Números – Anuário 2005;* para 2008: Instituto Brasileiro de Geografia e Estatística, *Levantamento Sistemático da Produção Agrícola.*

As cifras acima nada têm de insignificantes. Os três cultivos mais extensos (soja, milho e cana), sozinhos, ocupam mais de 5% do território nacional, quase tanto quanto as UCs de proteção integral. Os três cultivos seguintes (feijão, arroz e trigo) ocupam outro 1%, 2,5 vezes mais do que a área dos lagos das hidrelétricas brasileiras. Alguns cultivos, como café, cacau, uva, maçã e banana, que Miranda e coautores informam ocupar principalmente áreas de APP e RL ilegalmente desmatadas, apresentam cifras bem menores, mas as suas áreas são suficientemente amplas para que constem dessa lista dos maiores cultivos agrícolas do país. Esta "fotografia" não é a de um empreendimento agropecuário sufocado por áreas protegidas.

8 – Produtividade agrícola – uma dimensão esquecida

Uma dimensão analítica e empírica quase inteiramente ignorada por Miranda e colaboradores é a da produtividade da agropecuária. Tão forte é o viés dos autores a favor da expansão horizontal da agropecuária que eles ignoraram um dos parâmetros fundamentais para medir a "saúde" das atividades produtivas rurais – a produtividade, ou a expansão vertical, expressa no maior rendimento dos cultivos por unidade de área plantada. Para quem lê o longo e detalhado relatório dos pesquisadores da Embrapa, até parece que a agricultura brasileira nada teria de positivo a exibir nesse quesito. Mas, a verdade é outra, e eles deveriam reconhecer a relevância da questão.

Comento a seguir dados sobre a produtividade de uma amostra de produtos agrícolas brasileiros e mostro que o viés pró-expansão física da agropecuária dos pesquisadores da Embrapa fez com que eles perdessem de vista os significativos ganhos de produtividade registrados. As Tabelas 4 a 9 reúnem dados sobre produção e produtividade de seis cultivos selecionados. Esses dados são válidos apenas para os dois anos extremos do período 1990 a 2005. Esses cultivos são bem representativos tanto da produção dos setores agrícolas modernizados quanto da dos agricultores familiares. Os anos 1990 e 2005 estão dentro do período estudado por Miranda e colaboradores e são pertinentes à confirmação ou refutação da sua tese de confinamento da agropecuária brasileira em virtude da expansão das áreas protegidas.

Os dados dessas tabelas registram medidas nacionais e medidas para estados selecionados. Os dados pertinentes aos estados (escolhidos entre os produtores mais importantes de cada um dos seis cultivos) mostram que algumas áreas colhidas cresceram pouco ou mesmo "encolheram" em alguns estados (geralmente estados agrícolas mais antigos), mas com ganhos de produtividade. Ao mesmo tempo, eles mostram que nos estados submetidos mais recentemente à modernização agrícola, o padrão foi o de grande crescimento da área colhida, mas também acompanhado de ganhos de produtividade. Os ganhos de produtividade foram uma constante, mostrando que a agricultura brasileira teve a capacidade de se expandir verticalmente – colheitas maiores por unidade de área plantada. Como mencionado, Miranda e coautores deixaram esses dados de fora do seu relatório e insistiram na tecla do "sufocamento" da agricultura por causa das áreas protegidas.

Tabela 4 – Brasil e estados selecionados: produção de arroz (milhares de toneladas), área cultivada (milhares de hectares), e rendimento (kg/hectare), 1990 e 2005

ano	Brasil			Rio Grande do Sul		Mato Grosso		Pará	
	produção (1.000 t)	área cultivada (1.000 ha)	rendimento (kg/ha)	produção (1.000 t)	área cultivada (1.000 ha)	produção (1.000 t)	área cultivada (1.000 ha)	produção (1.000 t)	área cultivada (1.000 ha)
1990	7.241	3.947	1.880	3.194	698	421	355	148	127
2005	13.192	3.916	3.369	6.103	1.006	2.263	854	632	299

Fonte: Produção Agrícola Municipal, IBGE.

Nacionalmente, produção e rendimento de arroz cresceram consideravelmente, enquanto a área cultivada ficou praticamente a mesma. No Mato Grosso e Pará, a produção cresceu ainda mais fortemente, juntamente com ganhos de produtividade. Não há indícios de que a produção de arroz tenha sido sufocada.

Tabela 5 – Brasil e estados selecionados: produção de batata (milhares de toneladas), área cultivada (milhares de hectares), e rendimento (kg/hectare), 1990 e 2005

ano	Brasil			Rio Grande do Sul		Minas Gerais		Paraná	
	produção (1.000 t)	área cultivada (1.000 ha)	rendimento (kg/ha)	produção (1.000 t)	área cultivada (1.000 ha)	produção (1.000 t)	área cultivada (1.000 ha)	produção (1.000 t)	área cultivada (1.000 ha)
1990	2.234	158	14.108	339	42	535	28	616	41
2005	3.119	141	22.158	335	24	982	37	568	28

Fonte: Produção Agrícola Municipal, IBGE.

A produção nacional de batata cresceu fortemente, em uma área cultivada menor e com ganho de produtividade de quase 50%. No Rio Grande do Sul e Paraná, a área plantada se reduziu, mas produção e rendimento subiram ou caíram apenas levemente. Em Minas Gerais, a área plantada cresceu em um terço, mas a produção cresceu muito mais. O padrão nacional e nos três estados não é o de um cultivo sufocado por áreas protegidas ou por qualquer outro fator identificável.

Tabela 6 – Brasil e estados selecionados: produção de feijão (milhares de toneladas), área cultivada (milhares de hectares), e rendimento (kg/hectare), 1990 e 2005

ano	Brasil			Minas Gerais		Paraná		Bahia	
	produção (1.000 t)	área cultivada (1.000 ha)	rendimento (kg/ha)	produção (1.000 t)	área cultivada (1.000 ha)	produção (1.000 t)	área cultivada (1.000 ha)	produção (1.000 t)	área cultivada (1.000 ha)
1990	2.234	4.680	477	293	523	279	521	227	593
2005	3.021	3.748	806	560	433	557	440	462	690

Fonte: Produção Agrícola Municipal, IBGE.

A produção nacional de feijão cresceu em mais de um terço, enquanto a área plantada caiu em um quinto e o rendimento cresceu fortemente. Em Minas Gerais e Paraná, a produção praticamente dobrou, enquanto as áreas cultivadas caíram em 20%. Na Bahia, a produção mais do que dobrou enquanto a área cultivada cresceu apenas 20%. A produção de feijão não parece ter lutado contra algum tipo de restrição oriunda de áreas protegidas.

Tabela 7 – Brasil e estados selecionados: produção de laranja (milhares de toneladas), área cultivada (milhares de hectares), e rendimento (kg/hectare), 1990 e 2005

	Brasil			São Paulo		Bahia		Paraná	
ano	produção (1.000 t)	área cultivada (1.000 ha)	rendimento (kg/ha)	produção (1.000 t)	área cultivada (1.000 ha)	produção (1.000 t)	área cultivada (1.000 ha)	produção (1.000 t)	área cultivada (1.000 ha)
1990	14.016	913	15.352	11.572	723	339	29	67	4
2005	17.868	803	22.258	14.366	572	780	51	404	17

Fonte: Produção Agrícola Municipal, IBGE.

O cultivo da laranja em escala nacional cresceu em torno de 20%, embora a área cultivada tenha caído em cerca de 10%. O ganho de produtividade foi de quase 50%. No estado líder na produção, São Paulo, a produção também cresceu significativamente, com uma queda ainda mais acentuada da área plantada. Já na Bahia a área plantada cresceu quase 60%, mas a produção mais do que dobrou. A área plantada no Paraná cresceu por um fator de quatro, mas a produção se multiplicou por seis. Nada indica que o cultivo da laranja tenha sofrido restrições.

Proteção e produção – biodiversidade e agricultura no Brasil   57

Tabela 8 – Brasil e estados selecionados: produção de milho (milhares de toneladas), área cultivada (milhares de hectares), e rendimento (kg/hectare), 1990 e 2005

ano	Brasil			Paraná		Minas Gerais		Mato Grosso	
	produção (1.000 t)	área cultivada (1,000 ha)	rendimento (kg/ha)	produção (1.000 t)	área cultivada (1,000 ha)	produção (1.000 t)	área cultivada (1,000 ha)	produção (1.000 t)	área cultivada (1,000 ha)
1990	21.348	11.934	1.874	5.161	2.080	2.273	1.411	619	270
2005	35.134	11.559	3.040	8.572	2.028	6.244	1.354	3.506	1.053

Fonte: Produção Agrícola Municipal, IBGE.

A produção de milho também tem progredido bem no Brasil no mesmo período em que as áreas protegidas estavam se expandindo. Nacionalmente, a produção cresceu em 60%, com apenas uma pequena expansão da área plantada. O rendimento cresceu em mais de 50%. No Paraná e em Minas Gerais, um vigoroso crescimento da produção foi alcançado em áreas plantadas levemente reduzidas. No Mato Grosso, o milho teve um desempenho ainda melhor – um crescimento da produção por um fator de seis foi alcançado numa área cultivada que cresceu apenas por um fator de quatro.

Tabela 9 – Brasil e estados selecionados: produção de soja (milhares de toneladas), área cultivada (milhares de hectares), e rendimento (kg/hectare), 1990 e 2005

ano	Brasil			Mato Grosso		Goiás		Mato Grosso do Sul	
	produção (1.000 t)	área cultivada (1,000 ha)	rendimento (kg/ha)	produção (1.000 t)	área cultivada (1,000 ha)	produção (1.000 t)	área cultivada (1,000 ha)	produção (1.000 t)	área cultivada (1,000 ha)
1990	19.898	11.487	1.732	3.065	1.528	1.258	972	2.039	1.256
2005	51.182	22.949	2.230	17.761	6.107	6.984	2.663	3.719	2.025

Fonte: Produção Agrícola Municipal, IBGE.

A soja, a nau capitânia do agronegócio brasileiro, prosperou bem entre 1990 e 2005. Nacionalmente, a sua área plantada praticamente dobrou, mas a produção cresceu duas vezes e meia e a produtividade também cresceu consideravelmente. Em Mato Grosso, a produção cresceu por um fator de seis, enquanto a área plantada cresceu apenas quatro vezes. Em Goiás, o mesmo crescimento (seis vezes) veio de uma área expandida em apenas três vezes. A produção de Mato Grosso também cresceu mais do proporcionalmente em comparação com a área plantada. É possível inferir, a partir desses dados, que a expansão da soja não sofreu quaisquer restrições de ordem espacial.

Os dados organizados nas seis tabelas acima desenham um quadro radicalmente diferente daquele construído no relatório de Miranda e colegas. A produção desses cultivos comerciais cresceu fortemente em quase todos os casos e esse crescimento foi quase sempre acompanhado por ganhos de produtividade e por expansão das áreas cultivadas. A expansão física dos cultivos indica que houve disponibilidade de áreas novas. Os ganhos de produtividade, por sua vez, mostram que existe uma outra "fronteira" para a expansão da agricultura, a do aumento de produtividade, fronteira essa que parece estar sendo bem explorada pelos empreendimentos agropecuários nacionais. Miranda e coautores ignoraram os ganhos em produtividade de todos os cultivos examinados provavelmente porque eles amarram o futuro da agricultura brasileira exclusivamente à sua expansão física.

9 – Considerações finais

O principal objetivo deste texto foi alcançado. Mostrei que a quantidade de terras disponíveis para a agropecuária brasileira é muito maior do que alegam Miranda e coautores – pelo menos 45,22% do território nacional, e não apenas os 22,98% calculados por eles. Essa cifra maior resultou de uma discussão conceitual simples em que mostrei que UCs (de uso sustentável), TIs e TQs (além de RLs) são abertas, sim, a atividades agropecuárias. Na verdade, elas são "fechadas" apenas para o modo de produção do agronegócio (e talvez só temporariamente). Argumentei ainda que as APPs e RLs, também apontadas como áreas fechadas para as atividades agropecuárias, são concebidas exatamente para apoiar essas atividades em longo prazo. As enormes extensões de terras não usadas, subutilizadas e abandonadas provam que muitos fazendeiros brasileiros do passado e do presente não seguem os princípios conservacionistas elementares embutidos nos conceitos de APP e RL. Ou seja, essas regras e outras restrições são necessárias para que a sociedade brasileira alcance o bem comum, no caso, o de combinar (i) a conservação dos recursos naturais com (ii) a produção agropecuária continuada.

Introduzi uma linha distinta de discussão que trouxe à baila o vigoroso crescimento de vastas e variadas instalações de infraestrutura, que a seu modo também criam barreiras para a agropecuária. Essas instalações não foram sequer mencionadas ou receberam atenção mínima de Miranda e coautores, embora tenham se expandido enormemente e disputado espaço com a agropecuária.

No fim das contas, a resposta simples, sem nuances, que dou à pergunta formulada no título é "sim" – sim, existe espaço para todos. Ou existe, pelo menos por enquanto. Miranda e coautores produziram um texto importante que, junto com outros estudos, indica a necessidade de um macrozoneamento do território brasileiro que contemple conjuntamente atividades produtivas, instalações de infraestrutura, UCs, TIs e TQs. Essa importante discussão ainda não avançou suficientemente no Brasil. Quando ela ocorre, geralmente é feita sem bases de dados suficientes e sem o escopo necessário. Os pesquisadores da Embrapa merecem elogios por terem produzido, reunido e analisado uma grande quantidade de dados pertinentes a esse macrozoneamento, mas merecem críticas (i) por deixarem de fora outros dados pertinentes e (ii) pelo seu forte viés a favor da expansão indiscriminada da agropecuária. Infelizmente, essas duas falhas fazem com que os resultados do seu trabalho de pesquisa estejam reunidos num texto que mais parece uma peça produzida por lobistas do agronegócio.

Na sua ânsia de colocar a agropecuária acima de todas as outras atividades produtivas e de todos os demais interesses sociais, Miranda e coautores não vislumbram a legitimidade – e por vezes sequer a existência – de outros tipos de usos da terra, dos seus recursos naturais e dos interesses sociais legítimos ligados a eles. A sua argumentação intransigentemente pró-agropecuária, levada ao extremo, sustenta a existência de uma sociedade agropecuária unidimensional, que não existe no Brasil.

Essa noção do Brasil como uma sociedade predominantemente agrícola é antiquada e irrealista. Nas últimas décadas, o Brasil construiu uma economia urbano-industrial e de serviços que está entre as mais fortes do mundo. Essa realidade se impõe mesmo em face do fato de que o seu setor agropecuário foi modernizado e fortalecido durante o mesmo período.

Brasília, 2009; 2010; 2011; 2013

Anexo

Tabela 1 – Brasil: Números e Áreas (km²) das Unidades de Conservação – Situação em 25/7/2011*

grupo / tipo	federais número / área	estaduais número / área	municipais número / área	total número / área
proteção integral				
estação ecológica	31 / 69.230	54 / 46.627	0 / 0	85 / 115.857
monumento natural	3 / 443	14 / 690	4 / 7	21 / 1.141
parque**	67 / 252.053	172 / 94.142	39 / 123	278 / 346.318
reserva de vida selvagem	7 / 2.019	8 / 1.635	1 / 22	16 / 3.676
reserva biológica	29 / 38,689	20 / 13,466	1 / 7	50 / 52,162
total para unidades de proteção integral	**137 / 362.434**	**268 / 156.560**	**45 / 159**	**450 / 519.154**
uso sustentável				
floresta**	65 / 163.453	28 / 133.645	0 / 0	93 / 297.098
reserva extrativista	59 / 122.708	24 / 16.521	0 / 0	83 / 139.230
reserva de desenvolvimento sustentável	1 / 644	26 / 109.200	0 / 0	27 / 109.844
reserva de fauna	0 / 0	0 / 0	0 / 0	0 / 0
área de proteção ambiental	32 / 100.144	175 / 327.415	33 / 5.354	240 / 432.913
área de relevante interesse ecológico	16 / 448	24 / 445	5 / 27	45 / 920
total para unidades de uso sustentável	**173 / 387.398**	**277 / 587.226**	**38 / 5.381**	**480 / 980.005**
TOTAL	**310 / 749.832**	**545 / 743.786**	**83 / 5.541**	**938 / 1.499.158**

* Exclui Reservas Particulares do Patrimônio Natural – RPPNs.
** Parques e florestas podem ser nacionais, estaduais ou municipais.

Adaptado de José Drummond, José Luiz de Carvalho Franco, Daniela Oliveira. An assessment of Brazilian conservation units – a second look. *Novos Cadernos NAEA*, v. 15. n. 1, p. 53-88. Junho 2012.

Fonte: CNUC/MMA, disponível em<www.mma.gov.br/cadastro_uc> Acessado em 24/8/2011.

Tabela 2 – Brasil – Dados Resumidos sobre Terras de Quilombolas criadas entre 1996 e 2008 – situação em 31 de dezembro de 2008.

ações	comunidades afetadas	famílias afetadas	áreas conjuntas (km²)	observações
102 títulos emitidos / 95 TQs criadas	157	10.974	9.553,33	quarta e última etapa do processo de certificação
43 atos oficiais de identificação publicados	47	3.909	2.233,84	terceira etapa do processo de certificação
85 avisos publicados sobre atos oficiais de identificação em fase de redação	---	11.107	12.198,19	segunda etapa do processo de certificação
831 processos de identificação iniciados	---	---	---	primeira etapa do processo de certificação
1.305 comunidades reconhecidas	---	---	---	condição para abertura do processo de identificação

Fonte: Ofício 398/DPA/FCP (Fundação Cultural Palmares)/MinC/2009, Brasília, 26 de maio de 2009.

Tabela 3 – Brasil: Terras Indígenas Reconhecidas entre 1905 e 2009 – Números, Áreas e Percentagens do Território Nacional

ano	números de TIs certificadas	números acumulados de TIs certificadas	áreas de TIs certificadas (km²)	áreas acumuladas de TIs certificadas (km²)	percentagens acumuladas do território nacional (%)
1905	1	1	98,58	98,58	<0,01
1955	1	2	55,74	154,32	<0,01
1958	1	3	47,06	201,38	<0,01
1961	1	4	163,75	365,13	<0,01
1965	3	7	43,67	408,81	<0,01
1966	2	9	61,32	470,14	<0,01
1967	1	10	300,60	770,74	<0,01
1980	1	11	30.710,67	31.481,42	0,36
1981	3	14	2.592,47	34.073,89	0,40
1983	8	22	10.307,07	44.380,97	0,52
1984	6	28	7.020,30	51.401,27	0,60
1985	1	29	282,12	51.683,39	0,60

1987	17	46	68.882,19	120.565,59	1,41
1988	6	52	39.101,78	159.667,37	1,87
1989	8	60	41.818,67	201.486,05	2,36
1990	2	62	1.933,91	203.419,97	2,38
1991	4	66	402,91	203.822,88	2,39
1992	2	68	3.046,51	206.869,40	2,42
1993	6	74	96.792,40	303.661,81	3,56
1994	33	107	83.615,87	387.277,68	4,54
1995	25	132	14.408,90	401.686,58	4,71
1996	32	164	21.754,43	423.441,02	4,97
1997	21	185	23.36,86	446.977,88	5,24
1998	20	205	38.657,77	485.635,66	5,70
1999	38	243	63.370,47	549.006,13	6,44
2000	15	258	120.160,92	669.167,06	7,85
2001	15	273	26.724,19	695.891,25	8,17
2002	36	309	129.499,21	825.390,47	9,69
2003	15	324	6.375,52	830.995,25	9,75
2004	25	349	47.102,69	878.868.51	10,32
2005	9	358	2.597,90	881.466,58	10,35
2006	16	374	35.026,01	916.492,60	10,76
2007	11	385	28.746,94	945.239,54	11,10
2008	14	399	34.534,78	979.774,32	11,50
2009*	2	401	4.834,73	984.609,06	11,56
previstas**	2	403	664,65	985.273,72	11,57
total	403	403	985.273,72	985.273,72	11,57

* Até junho de 2009.
** Duas outras TIs tinham a sua criação prevista para 2009.
Fonte: Adaptado de Fundação Nacional do Índio, Diretoria de Assuntos Fundiários. "Áreas de Terras Indígenas Regularizadas no Brasil (1905-2009)." Brasília, junho de 2009 [dados não publicados].

Capítulo 2
A biodiversidade como patrimônio – uma discussão social e cultural[1]

1 – Introdução – uma distinção conceitual básica

Este ensaio desenvolve algumas reflexões sobre o conceito e a concretude da biodiversidade. Ele adota um tom intencionalmente polêmico e faz proposições admtidamente extremadas, embora não necessariamente radicais. Ele é endereçado principalmente a biólogos, ecólogos e agrônomos, atuantes no campo das ciências da vida e da tecnologia, e aos cientistas humanos e sociais que estudam o tema da biodiversidade, levando em conta as suas respectivas perspectivas científicas. Pode interessar também a gestores, técnicos, ativistas e cidadãos que trabalham e lidam com problemas ambientais em geral.

Dei ao texto a forma e o tom de um ensaio, evitando, com poucas exceções, citações diretas às diversas obras e aos diversos estudiosos que me influenciaram ou com os quais tenho discordâncias. A listagem bibliográfica ao final do texto mapeia uma boa parte das obras e dos estudiosos que li ao longo de diversos anos.

---

[1] Inédito. Originalmente escrito como texto de apoio à disciplina "Conservação e uso sustentável da biodiversidade", ministrada como parte do Curso de Especialização em Gestão Ambiental Pública, oferecido pelo Centro de Desenvolvimento Sustentável da Universidade de Brasília, em 2010. Registro o meu agradecimento pelas leituras críticas de várias versões, feitas por Aline Barbosa, Carolina Azevedo de Almeida, Cláudia de Souza, Daniel Louzada-Silva, Daniela de Figueiredo, Elvis Edgard Inga De La Cruz, Fernanda Cornils, Janaina Zito Losada, José Luiz de Andrade Franco, Jurema Iara Campos, Ligia Pitta Ribeiro, Maria do Socorro Lima Castello Branco, Romero Gomes Pereira da Silva e Talita Menezes dos Santos. Cristiane Barreto auxiliou na revisão dos originais.

O argumento principal que sustento é que a biodiversidade é um patrimônio integralmente natural construído pelo processo evolutivo, e cujo valor maior reside nela mesma. O fato de que a biodiversidade é usada e modificada pelos seres humanos confere à biodiversidade um valor adicional, mas secundário para fins de minha análise. De toda forma, a biodiversidade é obviamente importante pelo fato de prover grande parte dos meios de existência da nossa espécie – o *Homo sapiens*. Humanos usam e modificam a biodiversidade, e têm plena necessidade e direito de fazer isso, mas não a criam, nem a recuperam. Essa não é uma distinção banal, como procuro mostrar.

Por isso é que afirmo que a biodiversidade tem, para os humanos, a qualidade de um patrimônio herdado de um processo evolutivo no qual eles têm um papel minúsculo e retardatário. Trata-se de um patrimônio "externo" que não foi construído pelos humanos e que não é "propriedade" de qualquer grupo humano, do passado ou do presente. Nenhum grupo humano tem uma "relação especial" com a biodiversidade. Somos todos iguais na nossa condição coletiva e inevitável de meros usuários dela.

A biodiversidade é um patrimônio difuso e coletivo, intangível em várias de suas dimensões. Um dos pontos principais deste texto é que essas características dificultam a sua proteção, tal como nos ensinam os autores que tratam da "tragédia dos recursos de propriedade comum", quer os mais pessimistas (Garrett Hardin e Mancur Olson), quer os mais otimistas (Elinor Ostrom). Não obstante, sustento que a biodiversidade, inevitavelmente usada pelos humanos, merece, como outros bens públicos ou coletivos, os esforços desses humanos no sentido de protegê-la, mesmo que isso seja difícil e até pretensioso. Ela merece esses esforços não apenas porque é útil para os humanos, mas principalmente porque ela tem um valor inestimável em si mesma, como manifestação complexa do fenômeno da vida.

A presente reflexão flui a partir de uma distinção conceitual básica – para quem não aceitar essa distinção, será difícil se engajar no texto, mas ainda assim prefiro deixá-la clara desde o início, mesmo correndo o risco de alienar alguns leitores. Entendo que existe uma distinção entre (i) a biodiversidade "natural" ou "selvagem", ocorrente *in situ*, e (ii) diversos outros conjuntos artificiais de seres vivos (ou até mortos). Esses conjuntos têm nomes bem conhecidos, alguns precisos, outros genéricos; por vezes esses nomes são inadvertidamente enganosos. Um desses nomes importantes para efeitos de desenvolvimento deste texto é "agrobiodiversidade"; eu o usarei recorrentemente.

A biodiversidade natural ou selvagem ocorre em biomas, ecossistemas e formações que surgem e se modificam de acordo com as dinâmicas do processo evolutivo; não têm propósitos discerníveis. Ela é formada por números abertos e geralmente desconhecidos de componentes que, por sua, vez, também são em grande parte desconhecidos; ela não tem a sua origem em qualquer tipo de ação humana.

As formações de "agrobiodiversidade" são bem distintas: elas são obras construídas, mantidas e modificadas intencionalmente pelo trabalho e engenho humanos; têm propósitos bem definidos; justapõem um elenco minimalista de plantas e animais muito bem conhecidos e precisamente contabilizados pelos seres humanos a um elenco desconhecido, mas necessariamente empobrecido, de outras formas de vida sem interesse ou de pouco interesse para os mesmos seres humanos. Uso a palavra "minimalista" para ressaltar que todos os conjuntos artificiais de seres vivos, e a agrobiodiversidade em particular, abarcam componentes pouco numerosos e geneticamente pouco diversificados em comparação aos elencos tipicamente numerosos e geneticamente diversificados que integram a biodiversidade natural ou selvagem.

Os conjuntos artificiais de seres vivos e, dentro deles, o que liberalmente chamo de formações "agrobiodiversas", assumem várias configurações e respondem por diversos nomes – cultivos agrícolas; plantéis de animais domesticados ou de animais criados em cativeiro; jardins; hortas; pomares; mudeiros; viveiros; arranjos decorativos; florestas plantadas; jardins botânicos; jardins zoológicos e assim por diante. Já os herbários e os acervos de museus de história natural contêm conjuntos de seres mortos, coletados, processados e guardados para diversas finalidades. Os chamados bancos de germoplasma ou de tecidos e materiais genéticos contêm seres vivos ou partes deles, mas submetidos a um regime de congelamento permanente, para fins de pesquisa.

Essas configurações todas abrangem e exibem o que parece ser uma grande riqueza biológica, mas essa riqueza é sempre qualitativamente diferente e inferior à riqueza das formações biodiversas "naturais" de onde todas as demais formações retiram os seus componentes. Além disso, essa riqueza depende sempre e integralmente da intencionalidade e do engenho humanos. Essas formações espelham apropriações humanas reducionistas e interessadas (e perfeitamente legítimas) de uma biodiversidade natural ampla, aberta e destituída de intencionalidades ou propósitos.

Feita essa distinção, vejamos a sua implicação para o tema central do texto, que é o da proteção da biodiversidade. Sustento a tese de que a biodiversidade que mais interessa proteger, e que é também a mais difícil de proteger, é a biodiversidade natural ou selvagem. É aquela biodiversidade que decorre do processo evolutivo, aquela que nós humanos não criamos, nem recuperamos, nem controlamos, aquela que é exterior e anterior aos humanos, aquela que será também posterior a nós. Complementarmente, o texto sustenta que a biodiversidade fácil de proteger (e cuja proteção tem sido muito eficaz) é justamente aquela presente nos conjuntos artificiais de seres vivos, inclusive a agrobiodiversidade, ou seja, aquelas modalidades de biodiversidade construídas, usadas, intencionais, manipuladas, empobrecidas, "reembaralhadas", selecionadas pelas atividades agrícolas, pecuárias, científicas e estéticas dos seres humanos.

Apenas a título de ilustrar a importância da distinção acima argumentada, cito alguns erros e becos sem saída a que os interessados em biodiversidade podem ser conduzidos se não levarem em conta essa distinção. Destaco que não inventei qualquer um dos itens abaixo – eu os li em trabalhos científicos ou ouvi em matérias da mídia e em debates políticos.

O erro mais comum é igualar biodiversidade ao mero número de espécies distintas, ignorando as dimensões dos ecossistemas em que vivem essas espécies e da sua variabilidade genética (ver à frente).

Um erro muito mais grave é igualar biodiversidade ao número de espécimes de uma espécie, em um lugar qualquer; o exemplo típico é o de afirmar que um ninhal de aves, todas da mesma espécie, "demonstra" que existe biodiversidade naquele local.

Outro erro comum é considerar que espécies introduzidas e/ou invasoras contribuem para aumentar a biodiversidade; é o caso de um plano de manejo de uma unidade de conservação que li que identificava os plantéis de animais domesticados (bois, cabras, galinhas etc.) como componentes da fauna selvagem e, consequentemente, enriquecedoras da biodiversidade.

Estudiosos e defensores da agricultura "não convencional" frequentemente afirmam que os sistemas agropecuários com que simpatizam são ecossistemas nativos ou equivalem a eles, apesar da presença de espécies e variedades exóticas e da eliminação de espécies nativas.

O erro ideologicamente mais grave é o de extrapolar as virtudes "pluralistas" da biodiversidade para as sociedades humanas. Isso ocorre quando se propõe que a "boa" sociedade é aquela que é igual à "boa" natureza, ou que a biodiversidade da natureza seja reproduzida por uma sociodiversidade que se espelhe no caráter supostamente "benigno", "harmônico", "estável" e "provedor" da natureza. A gravidade disso está no fato de que a natureza é isenta de moralidade, da distinção entre certo e errado, traço que me parece ser imprescindível a qualquer boa sociedade. Felizmente, a sociodiversidade tem fundamentos outros, muito mais legítimos e eficazes, e não precisa usar a natureza como modelo ou espelho. Em termos puramente empíricos, essa simpatia pela "sociobiodiversidade" comete o erro adicional de ignorar o fato de que, mesmo no mundo contemporâneo, alguns dos lugares onde a biodiversidade foi mais profundamente destruída são precisamente aqueles territórios disputados por grupos humanos "diversos" entre si, ou seja, que divergem entre si sobre religião, costumes, língua, estrutura social, nacionalidade, etnia etc.

2 – Brasil – um país grande, tropical, úmido – e biodiverso

Quando falamos de biodiversidade e da sua proteção, o nome do Brasil fica em primeiríssimo plano. Não são temas alienígenas, "imperiais", impostos de fora. Além desses temas, o Brasil está profundamente envolvido nas demais grandes questões ambientais de nossa época, independentemente do grau de resistência ou de preocupação dos brasileiros com elas. Esse envolvimento tem várias razões, algumas das quais podemos chamar de "naturais", "objetivas". Elas são fortes em si mesmas, mas são realçadas por razões adicionais que são propriamente sociais, políticas ou culturais. Todas essas razões fazem do Brasil um *player* de primeira grandeza na arena global onde se desenrolam os debates sobre os limites naturais que o planeta Terra coloca para a breve, mas desde sempre conturbada, aventura do *Homo sapiens*.

Examinemos algumas dessas razões naturais e sociais da alta relevância ambiental do Brasil. As razões naturais, numa primeira aproximação, se resumem a uma avaliação sintética da riqueza de formas de vida, de paisagens naturais e de recursos naturais encontrados no território brasileiro.[2] Antes de mais nada, o Brasil é um país territorialmente enorme. Com os seus 8,5 milhões de km^2, é o quinto maior país do mundo (atrás da Federação Russa, Canadá, China e EUA). É o maior país da América do Sul (ocupa 47,7% de suas terras) e o terceiro maior país do continente americano (ocupa 20% das terras do continente). É também o maior país do Hemisfério Sul (mesmo tendo uma parte do seu território no Hemisfério Norte).

O tamanho desse território e o seu posicionamento geográfico propiciam variações marcantes nos processos ecológicos, nos ecossistemas, nos biomas e nas paisagens, e nos regimes climáticos, compondo palcos distintos para a manifestação dos mecanismos e dos resultados do processo evolutivo. A grande extensão territorial se combina com – e potencializa – outro fator propiciador da riquíssima biodiversidade nativa. Como mais de 95% desse território estão situados na faixa intertropical do planeta, o Brasil é o maior país tropical do mundo. Isso tem grande significado para o tema em pauta. É sabido que os fenômenos da vida, da variedade das formas de vida, e da complexidade dos conjuntos de seres vivos (comunidades, ecossistemas, biomas) guardam correlações fortes e positivas com a água (em estado líquido), o *calor* e a *duração da irradiação solar diária*.

Os dois últimos traços são básicos das áreas tropicais. O Brasil é um país quente e ensolarado. A vida prolifera em maior variedade, quantidade e pujança na presença de *calor* e dos tempos relativamente mais longos de exposição à luz solar (dias mais longos, na média, do que nas latitudes temperadas), característicos de quase todo o território brasileiro. A outra variável fortemente correlacionada com a pujança e a variedade das formas de vida é a água em estado líquido (em oposição ao estado sólido – gelo).

---

2   Nos parágrafos seguintes sintetizo alguns pontos discutidos em José Augusto Drummond, Por que estudar a história ambiental do Brasil? – ensaio temático. *Varia História*, v. 26, jan. 2003, p. 13-32, 2003.

A água é também abundante em quase todo o território brasileiro, nas formas de chuvas, rios, lagos, depósitos subterrâneos, estuários, baías, litorais e oceano (o Brasil conta com um litoral oceânico de quase 8.000 km lineares).

Apesar de cerca de 10% do território nacional terem um clima semiárido, o Brasil como um todo é incontrovertidamente classificado como um país de superabundância de água doce. Partes dessa região semiárida estão aparentemente passando por processos de desertificação, mas o Brasil não é um país marcado por grandes desertos (nos quais via de regra a biodiversidade é baixa), como EUA, China, México, Austrália, Argentina, Chile, Mongólia, vários países do Norte da África (Líbia, Argélia, Marrocos e Egito) e do Sudeste da África (Namíbia, África do Sul), do Oriente Médio (Arábia Saudita, Iraque) e da Ásia Central.

A distribuição dos seis biomas terrestres do Brasil (Amazônia, Mata Atlântica, Cerrado, Caatinga, Pantanal e Pampa) por esse enorme território quase todo tropical e quase todo úmido enriquece ainda mais a biodiversidade nativa. Essa distribuição permite notáveis variações internas (dentro de cada bioma), enclaves ("ilhas" de alguns biomas localizadas dentro de outros), e extensos ecótonos (zonas de contato e transição entre os biomas). As biologicamente muito ricas florestas tropicais úmidas (nas suas formações Amazônica e Atlântica) cobrem ou cobriram conjuntamente cerca de 55,0% do Brasil, fazendo interfaces com trechos dos Cerrados (25,0%) e da Caatinga (13,0%). Há ainda os pequenos Pampa (2,5%) e o Pantanal (1,0%). Essa variedade dos biomas terrestres/continentais é complementada pelas formas de vida propriamente litorâneas (manguezais, praias, dunas, restingas, estuários, rochedos), além de recifes, atóis, ilhas, mar e oceano.

Por ser tão grande, tão tropical e em grande parte tão úmido, o Brasil é invariavelmente listado pelos maiores estudiosos do assunto como um dos países detentores de *"megabiodiversidade"*. Nos *rankings* de biodiversidade nativa, feitos com base em estudos de campo, inventários e extrapolações, o Brasil aparece sempre no topo da lista, seguido por países como Colômbia, México, Equador, Peru, Índia, Madagascar, Papua-Nova Guiné e Indonésia, além de EUA e China, entre outros.[3] Evidentemente, essa rica biodiversidade confere importância especial ao Brasil quando o assunto é o das interações entre as sociedades humanas e a natureza (em especial os componentes vivos da natureza), em qualquer recanto do planeta, no passado, no presente e no futuro.

Mais recentemente, as ricas flora e fauna brasileiras passaram a ser valorizadas também por causa de uma outra dimensão da biodiversidade – a dos patrimônios genéticos conexos às suas plantas, aos seus animais e aos seus microrganismos. Esses patrimônios aos poucos vão se tornando identificáveis, manipuláveis e passíveis de aproveitamento pela ciência e tecnologia, embora o otimismo "desenvolvimentista" quanto a esse aproveitamento me pareça excessivo.

Para além dos componentes de sua biodiversidade propriamente dita, o território brasileiro abriga grandes quantidades de outros recursos naturais, alguns deles muito usados pela humanidade. Conforme mencionado, ele é rico em água doce, que se associa a um grande potencial hidrelétrico, abastecedor e irrigador dos seus rios. Existem no Brasil rios numerosos, longos, caudalosos e permanentes (9 dos 50 maiores rios do mundo estão no Brasil). Há reservas significativas dos minerais mais maciçamente consumidos e de outros minérios mais "nobres" (ferro, bauxita, manganês, cassiterita, cobre, cromo, caulim, nióbio, ouro, níquel, zinco, potássio etc.), além de pedras preciosas

---

3   A organização World Conservation Monitoring Centre, ligada à UNEP e à ONU, publicou recentemente uma lista dos 17 países "megadiversos", a maioria localizada nos trópicos; todos os países mencionados no texto constam da lista. Ver http://www.unep-wcmc.org/, acessado em 6 de novembro de 2013.

e ornamentais. As suas florestas tropicais, as mais extensas do mundo, geram madeira e dezenas de produtos conexos, incluídos na biodiversidade nativa. O Brasil tem ainda um vasto estoque de solos agricultáveis, nos quais se combinam múltiplos componentes vivos e não vivos. É significativo que nos anos recentes tenhamos nos tornado praticamente autossuficientes e até exportadores de petróleo, gás natural e derivados, bens energéticos modernos que há poucos anos nos custavam muito caro importar. Note-se ainda as descobertas mais recentes da chamada camada de "pré-sal", pois elas colocam a possibilidade de produzirmos e exportarmos petróleo e gás natural em grande escala.

Passemos das evidências "objetivas" da importância ambiental do Brasil – a biodiversidade e os recursos naturais não vivos – para as evidências sociais, econômicas e culturais. Em primeiro lugar devemos olhar para o consumo desses estoques de recursos pela população e pelo aparelho produtivo brasileiros. O tamanho da população brasileira pesa na apreciação da importância ambiental global do país. Os mais de 200 milhões de brasileiros formam a quinta maior população nacional do mundo (atrás de China, Índia, EUA e Indonésia; e à frente de Paquistão, Bangladesh e Nigéria). Isso coloca os brasileiros na condição de grandes consumidores dos recursos naturais do seu próprio território e de outros lugares e, consequentemente, de poderosos modificadores das paisagens naturais. É certo afirmar que os países ricos são os maiores consumidores de recursos naturais – de fato, as suas populações abastadas consomem recursos em quantidades mais do que proporcionais aos seus números. No entanto, certos países pobres ou "emergentes" populosos, mesmo que tenham grandes contingentes de pobres (como China, Índia e Brasil), que consomem relativamente menos recursos, apresentam altos níveis agregados de consumo de recursos naturais. Mais recentemente, surgiram no Brasil (e em outros países emergentes) novas faixas de consumidores de "classe média baixa", que exibem uma propensão a consumir tão forte quanto imprevista por muitos observadores que, por décadas, se dedicaram a "santificar" a pobreza, tanto em termos políticos quanto ambientais. Portanto, a "salvação ambiental" do Planeta pela via da redução do consumo, "missão" unilateralmente atribuída por esses observadores aos pobres, não vai acontecer com a ajuda dessas "novas classes médias" recém-saídas da pobreza.

O dinamismo, a variedade e as dimensões das atividades produtivas praticadas no Brasil reforçam a nossa condição de consumidores de recursos naturais. Mesmo sem ser ainda um país propriamente rico ou desenvolvido, o que é atestado pela pobreza de considerável parcela de sua população e por uma forte e persistente concentração de renda, entre outras evidências, o Brasil tem um aparelho produtivo enorme, dinâmico e sujeito a fortes ímpetos de crescimento. Nesses ímpetos e entre eles, a economia brasileira é baseada, em grande parte, no consumo e na transformação de recursos naturais. O país tem uma grande produção agropecuária (dependente de solos, águas, energia solar, plantas e animais), um parque industrial grande e diversificado (que transforma muitos recursos naturais), e um setor de serviços igualmente grande e variado. É uma potência na mineração, na extração de madeira e no uso energético da água.

Desde a década de 1950, quando começaram a ser feitas as medições de PIBs nacionais em bases comparativas e a montagem dos *rankings* dos países conforme os seus PIBs, o Brasil faz parte dos 15 países líderes. Durante a maior parte dos últimos 50 anos o Brasil esteve entre os dez países com os maiores PIBs. Classificações recentes, de 2011 e 2012, mostraram o Brasil numa inédita sexta colocação. Há críticas abundantes ao conceito de PIB, mas não cabe tratar disso aqui. Menciono o PIB apenas como uma medição bruta da riqueza produzida que há muitas décadas permite fazer *rankings* entre nações. Outras formas de medir o bem-estar das pessoas emergiram nos últimos anos, como o Índice de Desenvolvimento Humano – IDH (no qual os escores do Brasil e as suas posições nos *rankings* têm sido muito ruins, aliás).

No século XX como um todo, a economia brasileira foi a que mais cresceu no mundo, mesmo tendo vivido uma prolongada estagnação no fim do período. Vários ramos produtivos brasileiros que transformam ou consomem quantidades maciças de recursos naturais e energia atingem atualmente altas posições nos *rankings* mundiais – somos líderes ou temos posições destacadas nos ramos de alimentos processados, aço e metalurgia, máquinas e motores, aviões, veículos automotores (automóveis, caminhões, ônibus, motocicletas e máquinas agrícolas), autopeças, celulose, papel e papelão, cimento, produtos químicos, plásticos etc. Outros ramos de destaque dependentes de recursos naturais são madeira em tora e industrializada, materiais de construção diversos, vestuário, calçados etc. O Brasil se destaca também na fabricação de alguns produtos intensivos de tecnologia (e não de recursos naturais), como os eletroeletrônicos e eletrodomésticos (televisores, DVDs, computadores, aparelhos celulares etc.), embora tipicamente não detenha patentes dos respectivos produtos e processos produtivos. O país tem o maior parque metalúrgico do mundo movido exclusivamente a carvão vegetal. Ele está entre os dez maiores produtores e os dez maiores consumidores de energia. Se incluirmos os gases liberados por incêndios florestais e queimadas para fins agropecuários e de extração florestal, o Brasil fica entre os cinco maiores países emissores de gases de efeito estufa.

Há ainda a considerar os empreendimentos agropecuários. Nas últimas décadas, a expansão das áreas agrícolas e pecuárias brasileiras foi uma das maiores do mundo, em termos relativos e absolutos. Destacam-se os setores agrícolas modernizados, que ocupam enormes áreas plantadas com soja, milho, cana de açúcar, café, frutas, fumo, algodão, cítricos etc. Eles consomem maciçamente insumos industrializados (fertilizantes sintéticos, corretores de solos, maquinário de preparo de solo e de irrigação, sementes melhoradas). Mais de 20% do território brasileiro são ocupados apenas por pastagens e áreas modificadas para sustentar enormes rebanhos bovinos e grandes números de outros animais (aves, suínos). Outros 5% são dedicados a apenas três cultivos agrícolas – soja, milho e cana de açúcar. Temos ainda uma agricultura familiar relativamente pujante (inclusive nos assentamentos de reforma agrária, recentemente multiplicados em número e em quantidade de beneficiários).

Vejamos outros aspectos sociais ou culturais da relevância "ambiental" planetária do Brasil. Alguns deles podem ser resumidos no que chamo de "pré-história relativamente curta", em combinação com uma "longa experiência da comunidade primitiva". O continente americano, e o Brasil em particular, estão entre as últimas grandes formações terrestres do planeta a serem ocupadas pelo *Homo sapiens*. Os registros não controvertidos mais antigos de presença humana no território brasileiro datam de cerca de 8.000 anos atrás, o que pode parecer a alguns uma data remotíssima, mas que, na verdade, é bem recente em termos relativos. Na África, a espécie humana emergiu há cerca de 200.000 anos; depois disso, pela Eurásia se espalharam pelo menos duas grandes ondas migratórias humanas; na Austrália a presença humana é datada de cerca de 50.000 anos atrás. No continente americano as datas da primeira presença humana remontam a 15.000-18.000 anos atrás. Por isso as mudanças nos processos ecológicos e nas paisagens naturais da América causadas pela presença contínua de seres humanos tiveram muito menos tempo para ocorrer e para se acumular.

Adicionalmente, a maior parte dessa presença humana pré-histórica relativamente tardia em território brasileiro se deu sob os regimes de comunidades de caçadores-coletores nômades do paleolítico superior ou na forma de pequenas aldeias semipermanentes de policultores tropicais. Isso contrasta com a história milenar e com a prevalência – em muitos trechos do "Velho Mundo" – do regime de civilizações complexas e sedentárias. Foram elas que desencadearam a revolução neolítica ou foram herdeiras dela (com plantas domesticadas e agricultura monocultora e intensiva, animais domesticados, produção e estocagem de excedentes, divisão social do trabalho, classes sociais especializadas, cidades permanentes, estados centralizados, religiões organizadas, exércitos profissionalizados, sistemática expansão territorial armada sobre povos vizinhos etc.). É verdade que no continente americano existiram civilizações mais recentes e assemelhadas a essas – sediadas principalmente nos territórios atuais do México, da Guatemala, e do Peru e da Bolívia e, supõe-se mais recentemente, até em partes da Amazônia. No entanto, elas não predominaram no conjunto do território brasileiro.

A implantação generalizada de regimes socioeconômicos herdeiros do neolítico no continente americano teve, portanto, que esperar a chegada de europeus (herdeiros desse regime), o que começou a ocorrer há pouco mais de 500 anos atrás, e apenas em algumas partes do continente. Essa implantação se deu ao custo da verdadeira aniquilação física e cultural dos povos residentes desde antes nas Américas, seja das civilizações complexas, seja das comunidades primitivas, e de maciças modificações no perfil natural das diversas partes do continente americano. No entanto, é bom lembrar que os europeus não encontraram no continente americano um "paraíso natural intocado", pois milhares de anos de residência e expansão de grupos humanos levaram a muitas alterações na biota e na paisagem natural do continente.

Vive no Brasil uma boa parte dos povos indígenas americanos remanescentes de coletores-caçadores e policultores. Esses remanescentes são chamados por alguns de "povos tradicionais", denominação que, entre vários outros defeitos, mistura esses povos com outros cuja suposta tradicionalidade é de natureza radicalmente distinta. Esses indígenas adotam estilos de vida que se assemelham aos estilos dos povos pré-colombianos; vivem na periferia da máquina agrícola-industrial-urbana moderna. Via de regra, eles têm um baixo nível de impacto sobre o mundo natural. Nos últimos séculos, apesar da sistemática dizimação, dissolução ou assimilação dos povos nativos do continente, foram compilados ricos registros sobre as suas formas particulares de interação com o meio natural. Esses usos humanos "pretéritos" têm relevância para pensar e agir sobre a questão ambiental brasileira, de forma mais ampla, e sobre a questão da biodiversidade, em particular. Em contraste, em grande parte do "Velho Mundo", especialmente na Europa ocidental, central e oriental, povos com regimes e estilos de vida equivalentes desapareceram centenas ou mesmo milhares de anos antes da chegada dos europeus às Américas, muitas vezes sem deixar registros detalhados ou heranças culturais discerníveis.

Tudo isso permite concluir que a rica biodiversidade e as formações e paisagens naturais características do grande território tropical do Brasil foram, sim, alteradas pelas ações humanas milenares, mas que essas ações se intensificaram apenas muito recentemente e em grau muito menor do que as ações humanas acumuladas nos biomas do Velho Mundo. Nesse sentido, o território brasileiro é mais rústico, ou mais inculto, ou mais "selvagem", exibindo marcas humanas relativamente "leves". Não se trata de a natureza brasileira ser "intocada", mas sim de ela ser tocada pelos humanos há muito menos tempo e de forma muito mais leve. Uma exceção a isso seria a participação de paleoindígenas na extinção de espécies da megafauna americana em tempos pré-históricos, extinção essa registrada em vários outros pontos do planeta e que coincide com o espalhamento da humanidade pelo superfície terrestre. Ou seja, as terras americanas não são intocadas, mas ainda estão por sofrer intervenções humanas de profundidade, abrangência e duração comparáveis às que ocorreram no Velho Mundo.

Essa mesma questão pode ser vista de ponto de vista dos colonizadores europeus. A "descoberta" das insuspeitadas terras americanas levou a um empreendimento colonizador que os fez migrar e apelar para o trabalho forçado não apenas de americanos autóctones, mas também de africanos igualmente migrantes, embora involuntários, pois que foram transferidos à força para o continente americano, sob o regime de escravidão. Isso possibilitou o encontro, no atual território brasileiro e em outros lugares, de três regimes civilizatórios e matrizes culturais bem distintas entre si, desenvolvidos em três continentes e nos seus respectivos meios naturais, também distintos entre si. Essa circunstância foi propícia a numerosas trocas e aprendizados – além de conflitos – não apenas no que diz respeito ao uso dos recursos naturais, mas em termos de estilo de vida, religiões, costumes, culinária, doenças etc. O comando desse empreendimento colonizador coube a europeus já influenciados pelos valores do capitalismo comercial e ávidos para colocar as terras americanas e as suas produções naturais para "trabalhar" intensivamente e, assim, alimentar os novos circuitos comerciais, centrados na Europa ocidental, mas com ramificações que acabaram por envolver quase todos os recantos do planeta.

No caso dos portugueses e da sua colônia brasileira, a atividade econômica que prevaleceu por dois séculos foi a do plantio e da transformação industrial de uma planta exótica, a cana de açúcar. O empreendimento era tocado pela mão de obra escrava de nativos e de africanos e gerido por luso-brasileiros (e por holandeses, durante algum tempo). Isso foi feito ao mesmo tempo em que outros cultivos (como o do nativo tabaco), atividades extrativas, como a do corte do pau-brasil (também nativo) e das famosas e igualmente nativas "drogas do sertão", nestes casos principalmente com uso da mão de obra indígena. Em tempos posteriores, o Brasil vivenciou outros "ciclos" (ouro, algodão, café, borracha, óleos e peles de animais, madeiras em tora etc.), todos igualmente voltados para a exportação. O território brasileiro foi usado por séculos como um "celeiro" de abastecimento de matérias primas naturais e dos componentes naturais– luz solar, fertilidade dos solos, água etc. – embutidos nessas matérias primas. Aliás, a pauta atual de exportações agropecuárias e minerais brasileiras não difere substancialmente desse padrão histórico.

Conduzido sob a égide europeia, o empreendimento colonizador deixou abundantes registros documentais sobre as interações entre os diferentes grupos culturais e entre eles e os diferentes biomas e ecossistemas, sob variadas circunstâncias históricas e sociais, no continente americano como um todo e no Brasil. Isso tudo levou ao registro de numerosos episódios e processos relevantes para entender as relações entre humanos e natureza, entre os quais podemos destacar, de forma não exaustiva:

- introdução intencional ou acidental de plantas, animais e doenças do Velho Mundo;
- vice-versa – transferência de plantas, animais e doenças do Novo Mundo para o Velho Mundo;
- repertório considerável de plantas domesticadas nas Américas antes da presença europeia;
- mudanças radicais nas práticas agrícolas pré-europeias;
- introdução da pecuária;
- introdução de ferramentas e utensílios metálicos ou com componentes metálicos;
- novos usos do fogo;
- extração de recursos naturais em escala comercial, alguns deles inicialmente desconhecidos tanto pelos nativos quanto pelos europeus;
- repressão sistemática às religiões dos povos nativos e dos escravos africanos e introdução compulsória do cristianismo, religião histórica (anti-mítica, anti-animista e hostil à natureza selvagem) nascida no Velho Mundo.

Dado todo esse quadro, o Brasil e os brasileiros não podemos escapar da condição de sermos focos da crescente e já vigorosa preocupação global com o meio ambiente natural. Essa preocupação se aplica à escassez de recursos naturais, especialmente na forma da extinção de espécies e da eliminação de ecossistemas. Essa questão envolve números significativos e aparentemente crescentes de cientistas, cidadãos individuais ou organizados, governos nacionais e locais, bancos e organismos multilaterais, empresas produtivas, consumidores, tanto estrangeiros quanto – felizmente – brasileiros. Essa preocupação veio para ficar. O Brasil não sairá do seu foco ignorando-a, ou reclamando dela.

3 – Quem precisa de quem?

Uma das dimensões da questão ambiental global em que o Brasil é mais visível e relevante é precisamente a da proteção do patrimônio natural colocado por circunstâncias históricas sob a sua soberania política, em especial a biodiversidade nativa. Trata-se de uma matéria complexa, para a qual tanto as perguntas quanto as respostas ainda são incertas e incompletas. Nenhum povo, cientista ou governo domina todas as perguntas ou sabe todas as respostas. Nesta parte do texto, faço e tento responder apenas algumas perguntas que eu julgo básicas. As respostas que apresento são admitidamente precárias, mas espero que sejam capazes de ao menos propiciar controvérsias.

A biodiversidade natural precisa do *Homo sapiens*? Essa primeira pergunta provocadora é feita para sugerir que a resposta certa, mesmo que polêmica, é negativa: não, a biodiversidade não precisa do *Homo sapiens*. A multiplicidade de seres vivos, do passado e do presente, os ecossistemas que eles formaram e formam, e a variabilidade genética daqueles seres não dependeram, dependem nem dependerão em qualquer grau substantivo da nossa espécie – a não ser que o assunto seja o empobrecimento dessa biodiversidade. A nossa espécie não é sequer a "joia da coroa" da biodiversidade. Rigorosamente, somos apenas mais uma espécie de animais – um vertebrado, mamífero, placentário, bípede, de visão binocular, de audição estereofônica etc. Somos singulares, sim. Não seríamos uma espécie se não fôssemos – toda espécie é, por definição, singular. No entanto, somos definitivamente "retardatários" na nossa aparição no apinhado palco dos seres vivos. Se por um acaso fôssemos despidos de nosso único ingrediente não animal e não biológico tangível, a cultura, teríamos tido dificuldade para conquistar o inegável destaque que alcançamos nesse palco.

Uma saída/resposta intermediária a essa pergunta seria afirmar uma obviedade: a biodiversidade precisa do *Homo sapiens* porque somos uma parte da biodiversidade. No entanto, afirmar o fato óbvio do pertencimento dos humanos à natureza tende a ser mero subterfúgio quando se discute a questão da relação dos humanos com a biodiversidade. Entre outras coisas, quem faz essa afirmação muitas vezes quer dizer que os humanos somos parte central, especial ou indispensável da biodiversidade. Essa pretensão de excepcionalidade realimenta a visão humana subjacente de que somos o pináculo do processo evolutivo (ou da criação); isso nos conferiria uma supremacia sobre os demais seres vivos. No entanto, qualquer texto básico de paleontologia mostra que a biodiversidade prosperou e sofreu perdas durante longas eras geológicas nas quais a nossa espécie nem existia.

Essa pretensão de que a biodiversidade precisa dos humanos porque os humanos são parte dela tem o efeito adicional, muito preocupante, de subtrair os humanos da esfera da cultura e de mergulhá-los na esfera da natureza. Isso coloca em xeque precisamente aquele particular fenômeno pelo qual os humanos nos distinguimos dos demais seres – a cultura. Se os humanos temos alguma coisa de especial, é o de sermos produtores de cultura. Atribuir a um grupo humano qualquer a condição de "natural" ou de viver "em plena harmonia com a natureza", longe de ser uma operação simbólica integradora, holística, "includente", tem sido uma forma recorrente de alguns grupos discriminarem / desqualificarem outros grupos, quando não de empregarem violência implacável contra eles. Infelizmente, "naturalizar" um grupo humano, aproximá-lo das forças da natureza, tem sido um ato simbólico que ocorre na véspera de sua subjugação ou de seu extermínio.

A questão fica ainda mais espinhosa quando lembramos que a cultura é em grande parte construída a partir de um conjunto de soluções que os humanos encontraram exatamente para (i) superar e amenizar as adversidades (frio, calor, exposição aos elementos, coleta de alimentos, doenças, predadores, desastres naturais diversos) e (ii) para explorar as oportunidades "positivas" que a natureza lhes coloca. Enfrentadas com sucesso as dificuldades e aproveitadas as oportunidades, os humanos conseguiram ter o "lazer" para construir uma vida social regular, segura, previsível, baseada tanto em bens materiais quanto em bens culturais e simbólicos compartilhados (expressos na linguagem, religião, parentesco, arte, instituições etc.).

O historiador inglês Felipe Fernández-Armesto tem ideias ousadas sobre esse assunto, as quais eu subscrevo. Ele propõe uma classificação geral da experiência civilizatória humana justamente a partir da capacidade diferenciada de povos e grupos de conviver com e transformar os diferentes quadros biofísicos do planeta. Ele não organiza a sua análise das diferentes sociedades em bases cronológicas, nem em tipologias culturais, nem em repartições geográficas estanques. Ele examina a experiência humana global a partir de contextos naturais que se aproximam, sem reproduzir, da classificação consagrada dos grandes biomas do Planeta – trata de civilizações construídas nos desertos de gelo e de areia, nas florestas, nos vales de rios, nos campos gramados, nos litorais oceânicos e assim por diante. Fernández-Armesto afirma que em cada uma dessas paisagens emergiram culturas aparentadas entre si, por causa dos esforços similares empreendidos pelos povos respectivos no sentido de construir formas de vida adaptadas às vantagens e protegidas das desvantagens dos quadros naturais.

Para ele, a "[c]ivilização constrói o seu próprio hábitat. Cada agrupamento humano é civilizado na proporção direta da sua distância, da sua diferença em relação ao meio natural não modificado." "A história da civilização é, portanto, condicionada, e não 'determinada' pelo ambiente natural, embora a influência do ambiente seja difusa e tenda a favorecer alguns resultados mais do que outros." Fernández-Armesto define a civilização como "uma espécie de relação entre a sociedade humana e o mundo natural", uma relação que ele descreve coloridamente como decorrente de um "impulso de civilizar que marca os humanos de todas as épocas. Esse impulso leva a muitos episódios de "sobre-exploração dos ambientes naturais", em que as comunidades humanas "refazem as paisagens do mundo natural ou as abafam com novos ambientes que elas mesmo constroem; elas se empenham em impor a sua própria modalidade de ordem ao mundo que os cerca", o que tem levado à derrocada de numerosas civilizações. Ele propõe, no fim das contas, que a história da civilização não possa ser escrita integralmente em termos das ideias ou das construções da imaginação. "... Ela pertence aos solos, às sementes e aos estômagos. ... Ela tem que incluir episódios da história da tecnologia." [4]

Em outras palavras, a cultura seria aquilo que nos separa da natureza, aquilo que nos protege dela, aquilo que nos permite tirar proveito sistemático dela; a cultura não é um aspecto da natureza ou algo determinado por ela. No entanto, isso não significa que

---

4   Ver Felipe Fernández-Armesto, *Civilizations – culture, ambition and the transformation of nature*. New York: Simon & Schuster, 2001, "Introduction", especialmente páginas 3, 6, 14-16.

os humanos estejam "fora" da natureza; o autor destaca que a própria condição humana depende da sua capacidade de se distanciar dos perigos da natureza para usufruir os benefícios dela.

Há outro complicador sério na operação de definir os humanos como seres integralmente naturais: trata-se do fato de que a ética e a moralidade residem exclusivamente na esfera da cultura. Elas são as bases de julgamentos e valores sobre o que é certo, bom, verdadeiro e bonito, ou errado, mau, falso e feio. Essa capacidade de fazer tais julgamentos e de manter e transmitir tais valores é uma prerrogativa dos humanos e um imperativo para a existência de sociedades humanas. Na natureza, ao contrário, ética e moralidade simplesmente não existem. O predador não está "errado", nem a presa está "certa", por exemplo, pois no processo evolutivo não existem o certo e o errado.

Quando se afirma, sem maiores cuidados, que não há problemas a serem examinados nas relações entre humanos e natureza porque os humanos somos parte da natureza, começamos a chapinhar num pântano ético e moral, às vezes insuspeitadamente. Por esse caminho, chegamos diretamente à situação seguinte: tudo que seja feito por qualquer humano ou qualquer grupo de humanos ganha legitimidade e aceitabilidade, já que o julgamento é baseado na suposta "naturalidade" do ser e do comportamento humanos. Isso leva a becos sem saída e à apologia de aberrações nos campos da ética e da moralidade, assunto sobre o qual não vou me estender aqui.

Vejamos agora uma segunda pergunta, inversa da primeira: o *Homo sapiens* precisa da biodiversidade? Essa pergunta é feita para sugerir, ao contrário da primeira, uma resposta positiva. Essa resposta é, aliás, pouco controvertida. Sim, os humanos precisamos, e muito, da biodiversidade. Ela nos alimenta, veste, calça, abriga, protege, fornece energia, aquece, cura, inspira beleza e admiração, e muito mais. É verdade que a biodiversidade também nos intimida, nos ameaça e nos mata com doenças, predadores, peçonhentos, parasitas etc. Num sentido bem pragmático, a biodiversidade é um repositório de componentes e, em cima de uma parte dela, construímos grande parte da cultura. A cultura detecta, absorve, classifica e metaboliza a natureza. Os resultados disso são artefatos qualitativamente diferentes da natureza como um todo e dos seus componentes. Esses artefatos incorporam componentes simbólicos, rigorosamente não naturais – ética, moralidade, finalidade, utilidade, estética, memória, afeto, temor, coragem, emoção, valor, espiritualidade, transcendência – têm significado, enfim. Entre os extremos das respostas "não" e "sim" a essas duas perguntas, inclusive na zona cinzenta da obviedade do pertencimento da espécie humana à natureza, há, portanto, margem para muita polêmica.

Uma terceira pergunta pertinente é: a agrobiodiversidade – a biodiversidade presente nos sistemas agropecuários – e os demais conjuntos artificiais de seres vivos precisam do *Homo sapiens*? De novo, a resposta é incontrovertidamente positiva. A explicação é simples. Basta lembrar o fato elementar de que a agrobiodiversidade é uma construção humana. Todas as formações agrícolas e pecuárias – vou chamá-las de sistemas agropecuários – dependem da ajuda constante dos humanos para nascerem e persistirem, exatamente porque são criações culturais dos humanos. Os sistemas agropecuários demandam manutenção permanente, tal como uma casa, um eletrodoméstico, um carro. Muitas plantas e muitos animais domesticados não conseguem sobreviver por si sós, exatamente por causa das modificações que os humanos causaram neles, nos sistemas naturais em que eles florescem e na composição do seu material genético. Os "agroecossistemas", e todas as formas de agricultura "alternativa", "natural", "orgânica", "biodinâmica" e assim por diante, são frequentemente defendidos como muito diferentes de uma agricultura "convencional". No entanto, elas são também elaboradas construções humanas que não perduram sem manutenção cuidadosa.

Uma quarta e última pergunta é também fácil de responder: o *Homo sapiens* precisa da agrobiodiversidade, da biodiversidade presente nos sistemas agropecuários? É claro que sim, pois do contrário ele não se daria ao trabalho de construí-la e defendê-la ,com a finalidade de retirar dela alimentos e outros bens fundamentais à sua sobrevivência.

4 – O difícil cômputo da biodiversidade nativa

A biodiversidade é um conceito moderno da biologia/ecologia (cunhado na década de 1980, ou pouco antes). Nos seus usos originais, em inglês, como *biodiversity*, buscava dar conta, usando uma grafia sintética, da variedade de formas de vida ou espécies (vegetais, animais, microrganismos etc.) existentes nos diversos compartimentos do planeta (terrestres, aquáticos e aéreos; tropicais, temperados e árticos; antigos, novos e novíssimos; equilibrados ou instáveis; alterados ou não pela atividade humana). Com o tempo, o conceito foi se tornando mais complexo: ele não mais se presta a ser operacionalizado com a simples contagem de espécies, tarefa suficientemente complexa quando se pensa com cuidado a respeito dela. Para funcionar como conceito que retrata a complexa realidade biológica e biofísica e para servir de base de pesquisas científicas, os cientistas perceberam que seria preciso levar em conta duas dimensões adicionais que se relacionam entre si e que são mais complexas que a contagem de espécies: o "estado de integridade" (essa expressão é minha) dos ecossistemas nativos nos quais as espécies se movimentam e o "estado genético" (idem) das populações naturais.[5]

---

[5] Mesmo incompleta como método de avaliação da biodiversidade, a contagem ou catalogação de espécies é um trabalho árduo e fascinante em si mesmo. Para uma rica amostra dos métodos e dos resultados parciais de um projeto de "enciclopedização" que tenta abarcar informações acumuladas sobre todas as espécies reconhecidas pela ciência nos últimos 250 anos, aproximadamente, ver o *site* de um macro-projeto chamado *Encyclopedia of Life* < http://eol.org >

Tendo em vista a complexidade do conceito, cabe introduzir aqui outra pergunta: a cultura humana deve / pode ser incluída no conceito de biodiversidade? Os seres humanos, enquanto animais, fazem parte da natureza e da biodiversidade, é claro, e devem ser incluídos no conceito. Mas, quanto à inclusão da cultura desses humanos, a resposta é ambivalente – sim e não. Sim, porque se trata de um conceito científico plástico, abrangente, que em princípio pode suportar essa inclusão. Não, porque, por si só, o conceito assim ampliado não ganha maior capacidade de suscitar respostas para a maioria das questões colocadas pela pesquisa sobre a biodiversidade nativa. Ampliar o conceito para incluir nele a cultura tende, ao contrário, a dificultar ainda mais o seu uso e a sua eficácia. Na verdade, a inclusão da cultura no conceito de biodiversidade não ajuda sequer a gerar princípios "pragmáticos" para direcionar os comportamentos e as políticas que favoreçam a sua proteção. A ciência é uma parcela da cultura humana, mas o conceito de biodiversidade (como muitos outros conceitos da biologia e da ecologia) denota um complexo conjunto de fenômenos anteriores, e/ou exteriores, e/ou periféricos à cultura – para o horror dos pós-modernos. Para dar conta do papel da cultura nas modificações da natureza e da biodiversidade, existem outros conceitos, aplicados por outras ciências, como a ecologia humana e a biologia da conservação, por exemplo, para não mencionar as ciências sociais (quando elas se debruçam sobre as interfaces natureza-sociedade).

Ou seja, o conceito de biodiversidade é suficientemente complexo sem que se tente "embutir" nele aspectos da cultura. O termo mais comum que expressa essa tentativa de ampliar o conceito foi mencionado acima – "sociobiodiversidade". Ele encontra usuários entusiastas entre cientistas sociais das áreas de antropologia e direito, por exemplo. Os estudiosos do campo da agronomia que trabalham com a chamada "agrobiodiversidade" agregam agricultura e pecuária à biodiversidade e em geral são também usuários de do conceito de chamada "sociobiodiversidade". Conforme mencionado acima, a tentativa de acoplar a modelagem cultural da sociedade humana à modelagem natural da biodiversidade e dos ecossistemas nativos é um grave erro filosófico e científico. Trata-se de propor que a cultura seja subsumida na natureza, e mais especificamente na biologia e na ecologia.

Num plano mais simples, pragmático, supor que agricultura e pecuária convivam bem com a biodiversidade nativa significa simplesmente ignorar o que venham a ser agricultura, pecuária e biodiversidade. Agricultura e pecuária são operações culturais que, por definição, modificam, simplificam e empobrecem a biodiversidade nativa. Adicionalmente, supor que exista uma homologia entre a diversidade social ou cultural e a diversidade biológica é ignorar dois conjuntos de fatos mencionados acima: (i) a esmagadora anterioridade da vida em relação à cultura e (ii) os numerosos casos empíricos atuais e do passado em que a diversidade social e cultural conviveu ou convive com a mais completa destruição da biodiversidade nativa. Significa ignorar ainda um terceiro fato, este pertencente exclusivamente à esfera da cultura: os graves conflitos internos que marcam quase todos os povos / nações que abarcam grupos sociais culturalmente diversos, por motivos de etnia, religião, estilo de vida, linguagem, cor de pele, ideologia, partidarismos etc. A sociodiversidade é, portanto, suficientemente "difícil", mesmo sem transplantar para a sociedade as supostas virtudes da biodiversidade.

No entanto, é preciso admitir: mesmo excluindo do quadro analítico a cultura, os sistemas agropecuários, e a diversidade social e cultural, a biodiversidade natural é um conceito de difícil operacionalização, pois diz respeito àquelas três dimensões cumulativas acima mencionadas: (i) espécies distintas e as suas populações, (ii) populações em geral, comunidades, formações, ecossistemas e biomas compostos por essas espécies, em várias escalas, e (iii) os seus respectivos patrimônios genéticos.

Rigorosamente, o estudo consequente do estado da biodiversidade exige atenção ainda para os componentes abióticos da natureza, como clima, água, umidade atmosférica, exposição solar, altitude, latitude, vento, temperatura, nutrientes químicos, geologia, geomorfologia, duração dos dias e das estações etc. Não é coisa pouca.

Portanto, a medição ou a avaliação do estado da biodiversidade nativa coloca diversos desafios sérios. Uma simples contagem das espécies – integral e/ou parcial – presentes numa área definida é uma forma comumente praticada por cientistas e leigos para "medir" a biodiversidade, mas está longe de ser sequer satisfatória. É menos do que um primeiro passo. Para que esse passo chegue a ser completo, ele exige, entre muitas outras coisas, a contagem de espécies microscópicas, que só podem ser enxergadas em ambientes de laboratório ou com equipamentos de laboratório transferidos para o campo. Não se trata de impossibilidade, mas de uma dificuldade. Outra exigência para uma contagem exaustiva é que todas as espécies na referida área tenham sido identificadas formalmente e/ou que sejam imediatamente identificáveis pelo estudioso de campo, tanto nas suas identidades como espécies quanto nas suas funções ecológicas (essas funções geram informações necessárias para medir a segunda dimensão da biodiversidade). Como existe um notório déficit na identificação científica formal de espécies e de suas funções ecológicas, especialmente em regiões tropicais, a mera contagem de espécies acaba sendo muito trabalhosa, mas fica longe de ser completa.

Mais importante, porém, é o fato de que a contagem de espécies não leva em conta inúmeras dimensões intraespecíficas e supraespecíficas indispensáveis para avaliar o estado da biodiversidade natural – os *inputs* energéticos, as variações populacionais, as dinâmicas reprodutivas, as interações das espécies com outros fatores vivos e com fatores não vivos, as relações de interdependência, a competição e a cooperação das espécies, as cadeias tróficas, a dimensão espacial, as extinções de espécies, as espécies invasoras etc. Ou seja, a contagem de espécies precisa gerar também essas informações pertinentes à segunda dimensão da biodiversidade – o "estado" dos ecossistemas ou hábitats. Se lembrarmos ainda da pertinência dos fatores abióticos citados acima, fica evidente que contar espécies deixa de fora muito mais do que inclui.

Essa dificuldade de listar as espécies não chega perto da dificuldade na tarefa de avaliar a segunda dimensão da biodiversidade, que podemos chamar de "estado de saúde" dos ecossistemas nos quais vivem as espécies contabilizadas. As próprias espécies (contabilizadas ou não) contribuem para compor e modificar o estado dos ecossistemas respectivos. A afirmação batida e quase sempre inexplicada de que "o ecossistema X é frágil" (ou a sua contrapartida – "o ecossistema Y é resiliente") em nada ajuda a avaliar a sua saúde. Pelo que sei, a ciência ecológica ainda não desenvolveu critérios e métodos consensuais para julgar a saúde (ou a falta dela) de ecossistemas nativos em sua totalidade. A exceção parcial seria a dos lagos do norte temperado dos EUA e do Canadá, congelados por vários meses ao ano, nos quais foram feitos os estudos pioneiros da dinâmica de ecossistemas. Mesmo nesses ecossistemas muito simples, porém, foi preciso focalizar apenas alguns componentes e excluir outros para produzir uma narrativa que explique satisfatoriamente as numerosas interações entre as espécies e entre elas o ambiente abiótico.

Os ecólogos identificam ecossistemas resilientes, de clímax, sucessionais, pioneiros, e assim por diante, mas essas categorias não se relacionam necessariamente com o que eu estou chamando de estado ou saúde dos ecossistemas. Entre muitas outras ocorrências constatadas, há aquele aparente paradoxo de que, em muitos casos, um ecossistema maduro ou de clímax, depois de afetado por alguma ocorrência natural, possa ser sucedido por formações nas quais o número de espécies presentes é, em curto prazo, muito maior. Se o parâmetro de avaliação do estado de um ecossistema for o número de espécies presentes, neste caso seria concluído que a formação "substituta" tem mais saúde do que aquela que foi substituída. Isso estaria certo? Parece que não.

A saúde dos ecossistemas tem que incluir não apenas a avaliação dos fatores abióticos acima citados, mas também o estágio de sucessão ou de maturidade das formações vegetais e a resiliência (ou a falta dela) do ecossistema estudado. Tudo isso precisa ser lido tendo em vista também uma miríade de relações – competição, parasitismo, cooperação, predação etc. – entre as espécies.

Quando se passa para a terceira dimensão da biodiversidade, a da variabilidade genética das populações das espécies inventariadas nos ecossistemas, os desafios práticos de medir o estado da biodiversidade natural crescem mais do que linearmente. Medir essa variabilidade implica em (i) coletar amostras pesquisáveis (tecidos biológicos) dos organismos, (ii) garantir que essas amostras sejam de alguma forma representativas das populações de plantas, animais e microrganismos, e (iii) examinar esses materiais em ambientes de laboratório, aplicando métodos que ainda exigem muito tempo e processos trabalhosos de checagem. Como coletar materiais estatisticamente representativos de uma espécie de planta, ou de animal, ou de microrganismo, ou ainda de algum conjunto de seres com populações esparsas e de difícil contagem? Ou de populações "fugidias", como as de peixes e aves? Ou de populações de espécies invisíveis a olho nu? Como garantir a integridade dos materiais biodegradáveis coletados no campo e transportados entre os pontos de coleta e laboratórios distantes? Há possibilidade de transferir equipamentos de análise genética para o campo? Mesmo que haja respostas tecnológicas, logísticas e científicas positivas para todos esses desafios, fica patente que essa terceira dimensão da biodiversidade é tão ou mais difícil de ser medida quanto as duas anteriores.

Enfim, atestar o estado da biodiversidade natural em um ecossistema também natural exige esforço prolongado, organização cuidadosa, saber científico e metodológico de ponta, logística eficaz e recursos tecnológicos. Isso não invalida o conceito de biodiversidade natural, no entanto. A "invisibilidade" parcial ou a dificuldade de enxergar toda a biodiversidade não impede que ela seja reconhecida, discutida e devidamente valorizada. Aliás, na minha visão todas essas dificuldades apenas agregam motivos para que tenhamos respeito pela biodiversidade natural e para que façamos esforços em prol de sua proteção.

5 – Erros induzidos pela contagem de espécies da agropecuária

As contagens ou avaliações da biodiversidade natural, mesmo com todas as limitações e dificuldades mencionadas, produzem resultados mais relevantes do que as contagens aparentemente mais precisas da chamada "agrobiodiversidade", por levar em conta as três dimensões citadas. Na verdade, a avaliação da biodiversidade de sistemas agropecuários registra um fenômeno radicalmente distinto da biodiversidade natural: ela apenas contabiliza os números de espécies ou variedades cultivadas e talvez os números de espécies não domesticadas toleradas, pois que as não toleradas são removidas o máximo possível, sempre que possível. O estado dos ecossistemas nativos anteriores não pode ser avaliado, pois eles deram lugar a agroecossistemas artificiais. A variabilidade genética da biota agropecuária é tipicamente objeto de manipulações humanas milenares.

Refiro-me às tentativas de medir o estado da biodiversidade em áreas alteradas pela ação agrícola e pecuária sistemática, passada ou presente. Embora a avaliação do estado da biodiversidade em áreas como essas seja altamente recomendável e relevante para os estudos sobre a biodiversidade e sobre a viabilidade da agropecuária, é preciso ter em mente que o que está sendo avaliado é a biodiversidade natural transformada / empobrecida sistematicamente pela ação humana. Esse tipo de estudo é altamente relevante para o Brasil, que teve nas últimas décadas uma das maiores expansões do mundo em termos absolutos de áreas convertidas para a agropecuária e que historicamente acumula uma soma altíssima de áreas oficialmente consideradas degradadas, abandonadas e subutilizadas.

No entanto, pelo menos três problemas sérios podem ocorrer se nos engajarmos em avaliações desse tipo sem separar conceitualmente a biodiversidade natural da biodiversidade artificial. Primeiro problema: populações, espécies, comunidades e mesmo ecossistemas inteiros podem ter desaparecido ou se alterado radicalmente nas suas extensões relativas, na sua visibilidade e nas funções dos seus componentes, em decorrência de mudanças propriamente naturais e/ou mudanças causadas pela ação humana, atual ou antiga, mais ou menos bem registrada. Eis um exemplo disso: para quem queira fazer um levantamento da biodiversidade de determinadas formações remanescentes de Mata Atlântica que sabidamente continham populações nativas de pau-brasil (*Cesalpinia echinata*), é preciso levar em conta que essas populações foram reduzidas drasticamente ou mesmo eliminadas por causa da sua extração sistemática, durante longos períodos, em tempos pretéritos. Isso garante que a contagem dos espécimes eventualmente remanescentes do pau-brasil, a avaliação de sua viabilidade genética e a análise das suas interelações com outras espécies ficará irremediavelmente comprometida / distorcida. É provável mesmo que a pesquisa ocorra em uma área em que os espécimes de pau-brasil tenham sido totalmente eliminados. De toda forma, no caso do pau-brasil existem documentos históricos que comprovam que uma formação de mata tropical úmida de altíssima biodiversidade está, na verdade, carente de pelo menos esse componente. Note-se, a propósito, que nesse caso o agente empobrecedor da biodiversidade não foi a agropecuária, mas o corte seletivo de árvores, ou seja, uma intervenção extrativista, muitas vezes equivocadamente considerada como uma atividade humana "leve", que não altera os ecossistemas.

Eis um segundo exemplo, de novo sobre consequências de uma atividade extrativista: para quem se engaje em uma avaliação da biodiversidade nativa numa área de floresta amazônica em que ocorra a coleta sistemática de sementes de castanhas-do-Pará (*Bertholetia excelsa*), é possível se deparar com uma situação constatada por pesquisas muito bem feitas. Não surpreendentemente, essa coleta tem ajudado a criar uma estrutura etária distorcida, de origem antrópica, das populações de castanheiras. A exportação maciça do material reprodutivo (sementes) para o consumo humano reconfigura as populações, que ficam com números relativamente maiores de árvores adultas produtivas e números relativamente menores de espécimes jovens ou imaturos ainda não produtivos. Essa configuração populacional não é "natural", mas esse nem é o maior problema. Há estudiosos que resolvem essa questão afirmando que não existe qualquer problema, pois que a espécie está sendo "manejada", de acordo com um aparentemente infalível "saber local". Num primeiro exame, de fato, a espécie está presente, há muitos espécimes imponentes, saudáveis e produtivos; mas, num segundo exame, é fácil perceber as consequências da distorção da distribuição natural das idades desses espécimes. A distribuição causada pela ação humana influencia a avaliação do estado da biodiversidade local, já que em longo prazo ela não é propícia à reprodução continuada da espécie.

Terceiro exemplo: a biodiversidade natural de uma área pode ter sido fortemente alterada pela introdução de espécies exóticas. A introdução pode ter sido intencional, no caso de plantas ou animais cultivados em outros lugares, quer tenham acompanhado levas de novos habitantes humanos, quer tenham sido adotados por grupos locais. Mas, a introdução pode também ter sido não intencional, o que frequentemente leva ao estabelecimento de populações de espécies "nocivas", "daninhas", "pestes" – termos usados quase sempre para designar espécies que prejudicam plantas e animais domesticados, e quase nunca para aquelas que prejudicam a biodiversidade natural. Nos dois casos, as espécies introduzidas nunca se estabelecem "de graça" no ecossistema estudado – competem com as espécies nativas por território, nutrientes, luz solar, água, hábitats etc., ou podem causar "doenças" em espécies nativas. Ou seja, as espécies introduzidas sempre cobram um preço pela sua introdução.

Nesses três exemplos, o inventariante ou estudioso da biodiversidade talvez possa acessar informações documentadas ou observações pessoais (suas ou de outros) sobre o ritmo e a natureza das práticas humanas anteriores e interpolar essas informações na avaliação da biodiversidade atual. Porém, em muitos outros casos, especialmente quando ecossistemas nativos são integralmente convertidos para usos agropecuários, ou quando esses usos persistem por anos ou décadas, será difícil ou mesmo impossível sequer identificar espécies, comunidades e ecossistemas deslocados/erradicados, ou estudar as ocorrências singulares perturbadoras da biodiversidade natural. De toda forma, será muito mais difícil descobrir as razões, os momentos e a profundidade das alterações causadas. Assim, o suposto estudo da biodiversidade natural de uma área fortemente alterada pela agropecuária acaba sendo um estudo da agrobiodiversidade ou da biodiversidade natural empobrecida/erradicada pela biodiversidade de sistemas agropecuários, o que faz toda a diferença possível.

Há outro tipo de erro comum gerado pelo "método" de contagem de espécies; esse erro pode passar despercebido por muito tempo. Em vários lugares do mundo – inclusive na Mata Amazônica – existem estudos sobre o colapso da dinâmica reprodutiva de algumas plantas, em virtude da ausência dos animais que são os seus polinizadores ou os dispersores de suas sementes.

A ausência desses animais pode até ser constatada, mas nem sempre é explicada. Outras vezes sequer se consegue identificar quais seriam esses animais. Mas o erro principal ligado a esses fatos é o estudioso considerar que as plantas que perderam os seus polinizadores/dispersores são componentes viáveis dos ecossistemas avaliados.

Dessa forma, perguntas relevantes do estudioso da biodiversidade natural podem ficar sem resposta, ou talvez nem sejam formuladas se a interrupção da reprodução não for percebida. Por que esses animais teriam desaparecido? Por motivos "naturais"? Ou por atividades humanas (caça, pesca, fogo, doenças transmitidas por animais domésticos, introdução de espécies exóticas competidoras) que espantaram ou extinguiram essas espécies? As plantas encontrarão outros agentes polinizadores/dispersores em tempo hábil para evitar a sua extinção? De toda forma, o diagnóstico da biodiversidade, para ser minimamente correto, teria que incluir a constatação de que aquelas plantas perderam a sua viabilidade reprodutiva e, consequentemente, a condição de serem incluídas no rol de componentes "viáveis" do ecossistema sob estudo.

Os três casos mencionados acima (pau brasil, castanha e espécies invasoras), foram escolhidos de propósito, por serem intervenções aparentemente muito mais "leves" do que conversões radicais de extensos trechos de ecossistemas para fins agropecuários. Distribuições aparentemente naturais da biodiversidade estão, na verdade, alteradas por ações humanas. Isso compromete o inventário da biodiversidade natural e a interpretação dos seus resultados.

Há um segundo problema que afeta quem contabiliza o estado da biodiversidade de formações agropecuárias na base da contagem de espécies. O inventariante que estuda locais fortemente alterados pela agricultura e pecuária não tem, na maioria das vezes, como saber quais e quantas espécies vegetais, animais e de microrganismos foram eliminadas por décadas ou séculos de agricultura ou pecuária. Isso significa que o inventariante não pode concluir sequer sobre o estado atual da agrobiodiversidade, e menos ainda sobre o estado da biodiversidade natural, por falta de um referencial. Isso pode ser compensado ou amenizado, é verdade, pela existência de bons inventários científicos feitos em tempos anteriores às práticas agropecuárias, ou pela eventual existência de "áreas--testemunha" (remanescentes) nas imediações da área estudada. Ou seja, o estudioso da biodiversidade agropecuária tem que lidar com déficits evidentes, mas frequentemente imensuráveis, de espécies, comunidades, ecossistemas e materiais genéticos nativos. Se não reconhecer esse déficit, o estudioso inventariará apenas uma agrobiodiversidade ou uma biodiversidade nativa fortemente diluída, e não a biodiversidade nativa.

O terceiro problema da contagem de espécies é o mais grave, pois ele se baseia em um senso comum que, por sua vez, realimenta a predisposição humana de alterar a biodiversidade nativa. Ocorre principalmente quando os inventariantes são leigos em ecologia, em biogeografia e mesmo em sistemas agropecuários. Trata-se da "solução" de contabilizar como adições à biodiversidade natural (inevitavelmente empobrecida pela agropecuária) as introduções intencionais ou acidentais de espécies exóticas (cultivadas ou não). Obviamente, essas espécies, principalmente as domesticadas, oriundas de outros ecossistemas, outros biomas e até outros continentes, não fazem parte da biodiversidade natural. No entanto, a sua presença na área em estudo decorre da ação humana relativamente corriqueira de transferir de um lado a outro plantas e animais úteis ou esteticamente apreciados. Ocorrem ainda as transferências não intencionais de espécies inúteis, perigosas e até deletérias para seres nativos dos ecossistemas estudados e até para os humanos e os seus valorizados animais e plantas domesticados.

Assim, ocorre o erro crasso – que já vi ser cometido por ambientalistas e não ambientalistas – de contabilizar vegetais exóticos (mangueira, jaqueira, laranjeira, arroz, macieira, cana de açúcar, soja etc.) como integrantes da biodiversidade natural do território brasileiro. Erros como esses são induzidos pela confusão entre biodiversidade natural e biodiversidade de sistemas agropecuários. Pode ocorrer ainda o erro correlato de contabilizar essas plantas como adições que "enriquecem" a biodiversidade da Amazônia, ou da Mata Atlântica, ou de qualquer bioma brasileiro. Já constatei erro equivalente ser cometido quanto à fauna brasileira, em alguns estudos científicos de impactos ambientais e em planos de manejo de unidades de conservação. Cavalos, jegues, carneiros, cabras, galinhas e outros animais domesticados, oriundos de outros continentes e introduzidos em território brasileiro, são equivocadamente promovidos à condição de membros da fauna silvestre brasileira.

O que ocorre nesse terceiro exemplo de contagem da biodiversidade agropecuária é um erro particularmente grave gerado por uma confusão conceitual básica. A confusão, conforme destaquei desde o início do texto, é entre a biodiversidade natural – fruto de um processo evolutivo que escapa totalmente do controle humano – e aquilo que só muito generosamente alguns chamam de agrobiodiversidade, ou seja, conjuntos, formações e paisagens rurais fabricadas pelo engenho humano (pomares, hortas, plantações homogêneas ou heterogêneas, pastos etc.). Esses conjuntos são tão naturais quanto um i-Pad, ou um forno de micro-ondas, ou um tênis Nike, no campo da tecnologia; são tão naturais quanto um quadro de Rembrandt, ou uma escultura de Aleijadinho, ou uma sonata de Chopin, ou uma ópera de Verdi, ou um conto de Borges, no campo da arte; são tão naturais quanto o Taj Mahal, ou a Grande Muralha da China, ou a estátua do Cristo Redentor, ou a Catedral de Brasília, no campo das edificações.

Essa confusão conceitual tem implicações diretas sobre as decisões tomadas em nome do ideal de proteção da biodiversidade.

A verdade é a seguinte: como artefatos humanos, os sistemas agropecuários estão em geral muito bem protegidos, pela valorização social positiva, por diversas tecnologias e práticas, por patentes, por tratados comerciais e, acima de tudo, por leis que protegem a propriedade privada e comunitária deles e os investimentos feitos neles, todos bem antigos, todos muito bem conhecidos e consensuais. Portanto, os sistemas agropecuários não sofrem perigo de extinções de seus componentes, pois que eles estão muito bem protegidos, pelas leis, pelo estado, que zela pelos interesses legítimos de fazendeiros, agricultores familiares, pecuaristas, e até de extrativistas etc. Esses sistemas estão protegidos também pelo empenho dos agropecuaristas em manter a viabilidade de suas próprias produções. Os construtores dos sistemas agropecuários sabem defender muito bem o que eles consideram valioso para si mesmos.

Isso não é desmentido pelo fato eventual de uma variedade qualquer de planta (um "feijão caboclo") ou de animal domesticado (um "cavalo do Pantanal" ou um "boi caracu") cair em desuso ou estar em perigo de extinção. Para cada variedade ameaçada, o engenho humano (no caso, de criadores, geneticistas, agrônomos ou zootecnistas) tem ou encontra substitutos aceitáveis ou altamente valorizados para a variedade em vias de ser perdida. Por vezes, essa variedade é o promissor substituto introduzido no passado e que caiu em desuso. Tal como o arado puxado por animais de tração ou o machado se tornam obsoletos em operações agropecuárias modernizadas, sementes, plantas, animais e outros componentes vivos desses sistemas também podem encarar o fim do seu "prazo de validade" tecnológica. O próprio fato de a "espécie ameaçada" (que, na verdade, é apenas uma variedade criada pelos humanos) ser domesticada significa que ela foi necessariamente objeto de uma atenção maior do que a atenção dedicada a qualquer integrante "inútil" da biodiversidade tomado ao acaso.

As modificações que ocorrem nos sistemas agropecuários, mesmo radicais, são via de regra desejados, intencionais, coerentes com novas tecnologias adotadas ou com novas oportunidades de mercado. Elas não fazem mais do que transformar alguns sistemas agropecuários em outros sistemas agropecuários. Esse final é desejado e é feliz. Evidentemente, os esforços para "salvar" variedades domesticadas ameaçadas são louváveis, mas é preciso lembrar que essas variedades pertencem estritamente ao campo da biodiversidade dos sistemas agropecuários.

Difícil mesmo é proteger a biodiversidade natural, que não é gerada pelo emgenho e trabalho humanos, nem pela mistura do trabalho ou do engenho humanos com os recursos naturais (como sustenta John Locke, no seu estudo fundador sobre a origem da propriedade privada[6]). Para citar uma formulação análoga e mais contemporânea, feita por Mancur Olson, o mais difícil é organizar a ação coletiva para proteger bens públicos ou bens coletivos cujo usufruto é encarado como um direito universal e não pode ser negado a ninguém, ou bens que são de todos em geral e de ninguém em particular.[7]

A biodiversidade natural infelizmente cumpre todos esses requisitos de Olson. Não é fruto do trabalho humano, não pertence a ninguém em particular; por isso ela não está sujeita às leis protetoras da propriedade privada, estatal ou comunitária, nem aberta à "recuperação" ou a mudanças intencionais em virtude de adoção de tecnologias ou da percepção de oportunidades vantajosas. Enquanto o artefato humano da biodiversidade agropecuária está muito bem protegido nas suas continuidades e nas suas mudanças, como um produto patenteado e possuído, a biodiversidade natural sofre de uma quase incurável orfandade institucional que em nada é ajudada por novas tecnologias e

---

6   John Locke, *Two Treatises of Government*. (1689).
7   Mancur Olson, *The Logic of Collective Action: public goods and the theory of groups*. Cambridge, MA: Harvard Economic Studies, 1971.

oportunidades de mercado. Quem já ouviu falar, por exemplo, que o arroz ou os bois estejam em perigo de extinção? Ou a mandioca, a batata, a soja, as cabras? Não ouvimos falar disso porque nos esforçamos diuturnamente para proteger esses bens e os empobrecidos sistemas agropecuários nos quais eles vicejam.

Qual biodiversidade é mais difícil de proteger, então – a natural ou a construída pelo trabalho humano?

6 – Biodiversidade – mudanças naturais e culturais

Há um ponto a mais a ser tratado que torna ainda mais complexa a reflexão sobre a – e a prática da – proteção da biodiversidade natural. A natureza, a ecologia e a biodiversidade, como queiram, não são estáticas. Elas mudam, e mudam muito, às vezes radical e rapidamente, às vezes gradual e lentamente. O ponto mais importante para efeitos desta reflexão, no entanto, é que nem todas essas mudanças dependem de intervenções humanas, fato elementar, mas sistematicamente esquecido pelos que supervalorizam a espécie humana em relação à biodiversidade. Os eventuais equilíbrios e harmonias da natureza podem até ser duradouros. Outros equilíbrios são apenas aparentes, escondendo processos de mudança sutis ou lentos (para os olhos humanos). Mudanças podem ocorrer gradativamente, ao longo de séculos, milênios ou éons, causadas pela deriva de continentes, por mudanças do clima, pelas subidas ou descidas do nível dos mares, ou pelo processo evolutivo. Em contraste, muitas formas de vida podem ser convulsionadas simultaneamente e em poucos segundos, minutos ou horas, por causa de ocorrências naturais como a colisão de um asteroide com a Terra, a varredura de um tsunami, ou uma epidemia.

Essas mudanças naturais fazem parte do processo evolutivo, integram a dinâmica da vida. Há, por exemplo, um grande conjunto de seres para os quais a formação de uma atmosfera como a atual, com aproximadamente 20% de oxigênio, foi uma mudança letal. Esses seres pereceram ou continuaram a viver apenas em ambientes anóxicos (sem oxigênio). Essa mesma atmosfera oxigenada abriu espaço para a proliferação de outros seres que, por sua vez, não conseguem viver sem oxigênio por mais de alguns minutos ou algumas horas. Adicionalmente, algumas formas de vida podem ser "inimigas" de outras – umas podem eliminar outras diretamente, ou duas podem se limitar mutuamente. Outros pares de espécies podem chegar a adaptações mútuas. Em todos esses casos, as mudanças têm causas naturais ou, em palavras mais afinadas com os propósitos deste texto, as mudanças não são causadas pelos humanos. O importante a reter é que a composição da biodiversidade natural, a qualquer momento, não segue uma narrativa povoada apenas por harmonia, estabilidade, equilíbrio, criação ou "aperfeiçoamento". A narrativa inclui também conflitos, incompatibilidades, desequilíbrios, destruição e "retrocessos".

O tópico das extinções de espécies ilustra isso. Nas últimas décadas, os paleontólogos vêm argumentando que as extinções de espécies ocorridas por motivos naturais são muito mais comuns do que pensavam os seus colegas ativos há 80 ou mesmo há 30 anos atrás. Muitos agora encaram as extinções como corriqueiras e até como a regra. Ou seja, afirmam que a grande maioria das espécies que já existiu no Planeta se extinguiu. Assim, a biodiversidade atual seria resultante também de um número ignorado de extinções antigas ou recentes, inclusive de famílias, gêneros e ecossistemas inteiros. Com base em taxas estimadas de extinção de espécies, gêneros e famílias, corre hoje nas fileiras da paleontologia (ainda sem unanimidade) a seguinte noção: uma espécie com até um milhão de anos de existência é "jovem", outra com até 10 milhões de anos de existência atingiu o pico da sua "vida adulta", e uma terceira espécie com muito mais do que 10 milhões de anos está tendo uma "sobrevida", ou seja, sobreviveu mais longamente do que seria de se esperar a partir do conhecimento que se tem das taxas de extinção que fazem parte do processo evolutivo. Isso indica que o elenco de seres vivos, a cada "momento biológico-geológico", experimenta forte e constante rotatividade, ainda que essa rotatividade se espalhe ao longo de enormes períodos de tempo.

Esse destaque que estou dando às mudanças "naturais" da natureza, da ecologia e da biodiversidade – ao chamado processo evolutivo – é uma maneira de chamar a atenção para as singularidades das mudanças causadas na natureza muito mais recentemente pela cultura, pelas intervenções desse ser tão recente – infante, mesmo – que é o *Homo sapiens*. As ações humanas que causam a transformação da biodiversidade têm peso ao mesmo tempo irrisório e enorme, dependendo do momento e da escala que se escolha. O "irrisório" das ações transformadoras da natureza derivadas do *Homo sapiens* reside nos fatos de que:

(i) a natureza vivenciou continuidades de longuíssima duração e mudanças de grande escala muito antes que quaisquer humanos de carne e osso existissem para intervir nelas, ou apenas para testemunhá-las, registrá-las, ou transmiti-las culturalmente. Ou seja, não se sustenta sequer uma interpretação "pós-moderna" que enfatize as "versões" sobre essas continuidades e mudanças, pois simplesmente não existem "olhares" que portem tais "versões";

(ii) a aparição do *Homo sapiens*, essa peculiar espécie de bípede, é tardia demais na história da vida para que atribuamos a ela qualquer papel central na conformação da biodiversidade natural, passada ou atual;

(iii) todas as "matérias primas" da vida estavam prontas e em funcionamento muito antes da recente aparição do *Homo sapiens* e da sua capacidade de modificar a biodiversidade. Ou seja, as intervenções humanas, moderadas ou radicais, operam em cima de um conjunto de componentes (ecossistemas, seres vivos, materiais genéticos) pré-existentes e que a espécie humana não criou e nem sabe recriar. A espécie humana apenas herdou esses componentes – ou se apropriou deles, para usar, para extinguir, para "reembaralhar" ou apenas para deixar em paz. Eles e a espécie humana são coparticipantes no processo evolutivo.

Eu poderia ter acrescentado, a la Platão, poucas linhas acima, que a espécie humana, além de bípede, é implume, mas quero aproveitar a imagem das penas para sugerir que ela tem, sim, uma plumagem singular e poderosa. Trata-se da mencionada cultura, que aumenta exponencialmente o peso e o alcance das suas intervenções na biodiversidade natural. Essa plumagem a torna capaz de provocar mudanças de grande efeito – mesmo que recentes – no quadro da vida. Por isso, usar a palavra "irrisório" não é o mesmo que afirmar que as ações humanas sejam irrelevantes para o entendimento de fenômenos recentes de mudança e continuidade da biodiversidade. Significativamente, geólogos, ecólogos, biólogos e climatologistas estão propondo, há algum tempo, a adoção oficial do termo "Antropoceno" para indicar a singularidade de uma nova era geológica, a atual, na qual a espécie humana parece ter assumido o *status* de uma força capaz de provocar mudanças de grande escala nas dimensões físicas e biológicas do planeta Terra.

Na minha condição de obscuro cientista socioambiental, concordo com a adoção de "Antropoceno" como nome cogitado por alguns cientistas naturais para designar apropriadamente a era geológico-biológica atual. Adotar o conceito da era do "Antropoceno" é útil para (i) datar apropriadamente as ações humanas e os seus efeitos na escala de um passado recentíssimo; e (ii) ressaltar que essas ações incidem sobre um antiquíssimo patrimônio natural (vida, natureza, ecologia ou biodiversidade) que a cultura não construiu, que a cultura é incapaz de construir ou reconstruir, que a cultura é capaz apenas de modificar ou empobrecer.

Mesmo que possa ser óbvia para muitos, essa proposição de que os humanos não criam patrimônio natural é altamente relevante para o entendimento das dificuldades das noções, das práticas e das políticas de proteção da biodiversidade nativa. Esquecer essa proposição ou ignorá-la tende a gerar interpretações equivocadas e mesmo fantasiosas e arrogantes sobre o papel do *Homo sapiens* nos processos de conservação e mudança da natureza. Trata-se de uma manifestação particularmente arrogante e prejudicial da mesma consciência realista que propõe a noção da era do "Antropoceno" – a arrogância reside em afirmar que, além de os humanos sermos grandes modificadores da natureza, estaria apenas em nossas mãos a missão/capacidade de salvar a natureza.

Se, com toda a certeza, os humanos não criamos a biodiversidade, afinal de contas, o que fizemos ou fazemos com ela?

- (i) usamos imoderadamente (supressão / empobrecimento acelerado) – isso prevalece no conjunto da história da humanidade;
- (ii) usamos moderadamente (empobrecimento suave) – isso ocorre, mas não prevalece no conjunto da história da humanidade;
- (iii) usamos no modo "reembaralhar" – trocamos alguns de seus componentes de um lugar para outro no planeta e os selecionamos artificialmente, desestruturando as biodiversidades nativas – isso é muito comum na agropecuária;
- (iv) usamos apenas partes dela (e protegemos/poupamos outras partes dela) – isso ocorre apenas muito recentemente, muito controvertidamente, ineficazmente e muito raramente;
- (v) recuperamos algumas partes dela que empobrecemos ou suprimimos – isso ocorre pouquíssimo, ou não ocorre.

Como provocamos alterações (mais ou menos visíveis, profundas, ou duradouras) na biodiversidade? A resposta é simples:

nós a usamos diretamente, extraindo bens para satisfazer as nossas necessidades imediatas, ou a usamos indiretamente, mudando os conjuntos e subconjuntos (biomas, ecossistemas, hábitats) que ela mesma forma e na qual ela mesma floresce. Ou seja, usamos a biodiversidade, e com toda a legitimidade que se possa alegar, para sobreviver. Não compartilho de posições alternadamente chamadas de biocêntricas, ecocêntricas ou "*no people*", embora admire nelas a valorização intrínseca da natureza, uma forma de valorização que não se baseia exclusivamente, ou sequer principalmente, naquilo que a biodiversidade tem de útil para os humanos.

Entre outras coisas, por meio da biodiversidade:

- obtemos alimentos, (i) extraídos de populações selvagens de numerosos plantas e animais e/ou (ii) obtidos de contingentes de alguns poucos vegetais domesticados e dos ainda mais escassos animais domesticados (uns e outros dependem de solos que contêm outros componentes vivos);
- obtemos também dessas plantas e desses animais materiais úteis diversos, como peles, couros, penas, ossos, madeiras, resinas, óleos, látex, ceras, medicamentos, fibras etc.;
- recorremos a "parentes" selvagens dos seres domesticados para "melhorar" o seu rendimento;
- obtemos fontes de calor, luz e energia;
- usufruímos serviços ambientais diversos (controle do ciclo hidrológico, polinização, dispersão de sementes, reciclagem de nutrientes etc.);
- obtemos materiais genéticos;
- observamos (e alcançamos inspiração com) seres e paisagens "belos".

Voltando à resposta dada a uma das perguntas feitas acima, os humanos precisamos, e muito, da biodiversidade. Por isso, nós a usamos intensivamente, mesmo que não a tenhamos construído, mesmo que só sejamos capazes de empobrecê-la, mesmo que não saibamos reconstituí-la.

7 - Biodiversidade agropecuária *versus* biodiversidade nativa

Muitos cientistas sociais e ativistas ambientais, leigos em ciência ecológica, e invariavelmente de origem urbana (como eu), podem estranhar a minha afirmação de que a agropecuária significa necessariamente o empobrecimento drástico da biodiversidade natural, quando não a sua eliminação.[8] Quase sempre consideram que isso se aplicaria "apenas" aos monocultivos de grande porte, como se esses artefatos fossem algo menor, novo ou casual na história da humanidade. No entanto, repito: qualquer forma de agricultura / pecuária instala uma biodiversidade empobrecida que mal merece esse nome e que nunca se compara em riqueza à biodiversidade nativa que ela substitui.[9]

Vou mais longe e afirmo que a nossa agricultura e a nossa pecuária desmentem a importância atribuída por esses observadores ao chamado "equilíbrio ecológico". Desmentem porque os sistemas agropecuários prosperam exatamente a partir dos desequilíbrios que eles provocam intencionalmente nos ecossistemas naturais. Os humanos não ocupamos "timidamente" um nicho ecológico marginal, nem representamos um elo modesto na cadeia alimentar. Ao contrário, a cultura faz com que os humanos ocupemos múltiplos nichos e sejamos consumidores vorazes que

---

[8] Leo Marx discute, do ponto de vista da estética literária, como escritores de muitas culturas modernas recorrentemente fizeram "o elogio à natureza virgem" quando na verdade elogiavam bucólicas paisagens "agropastoris". Ou seja, elogiavam artefatos humanos, e não a "natureza virgem". Leo Marx, *The machine in the garden – technology and the pastoral ideal in America*. London: Oxford University Press, 1964.

[9] Retomo nos parágrafos seguintes alguns pontos desenvolvidos em José Augusto Drummond, Ciência Socioambiental: Notas sobre uma abordagem necessariamente eclética. In: Rivail Rolim et al., editores, *História, Espaço e Meio Ambiente*. Maringá, Paraná: ANPUH-Paraná, 2000, p. 11-42.

intervêm em vários níveis tróficos. A cultura corta "verticalmente" e "transversalmente", por assim dizer, nichos e cadeias de todos os biomas nos quais se instalam os seus portadores.

A nossa agropecuária é o exemplo mais claro – mas não único – disso, desde a mais primitiva à mais moderna. A consciência ambientalista contemporânea tende a colocar nos ombros da indústria todas as responsabilidades pelas alterações do valorizado "equilíbrio ecológico". No entanto, a agropecuária é um artefato humano muito mais antigo, dotado de muito mais impacto direto sobre a biodiversidade, e muito mais disseminado territorialmente do que a indústria propriamente dita. Os impactos diretos da agropecuária sobre os recursos naturais em geral, e sobre a biodiversidade natural em particular, são muito antigos (na escala de tempo humana), são contínuos, e ocorrem em muitas partes do planeta.

Os sistemas agropecuários são, por definição, ecossistemas construídos, artificiais e desequilibrados, que necessitam de ajuda humana permanente para se reproduzir (isso vale também para os chamados agroecossistemas). Eles são sempre centrados em algumas poucas espécies – ou em uma única espécie – utilitária, de rápido crescimento. Eles buscam sempre alcançar as mais altas taxas de produção de biomassa dessas espécies em detrimento de outras. Eles sempre causam e dependem de perturbações profundas e intencionais – fogo, desmatamento, capina, aplicação de adubos, substâncias sintéticas diversas, uso de arado, irrigação etc. – nos ecossistemas naturais mais estáveis ou mais maduros que eles substituem.

Nas formações naturais maduras o crescimento da biomassa é mais lento, embora a quantidade de biomassa seja quase sempre muito maior do que a dos sistemas agropecuários. Os ciclos de vida das principais plantas cultivadas são sempre curtos quando comparados à duração dos processos ecológicos dos ecossistemas naturais maduros e à duração média dos ciclos de vida das plantas nativas eliminadas. Uma anedota recorrente que ilustra a profundidade das mudanças produzidas pela agropecuária destaca que muitas plantas e muitos animais domesticados, de tão alterados, não mais conseguem sobreviver sem a ajuda humana, fazendo dos humanos seres "domesticados" por essas plantas e por esses animais.

Ou seja, os sistemas agropecuários incorporam às suas dinâmicas a "pressa" e a transitoriedade que são as marcas registradas dos grupos humanos e das suas culturas. A cultura interfere nesses ecossistemas de forma agressiva, com a intenção deliberada de afunilar toda a sua capacidade de produção, antes pulverizada entre dezenas ou centenas de plantas, para as poucas espécies cultivadas. Essa interferência ocorre por meio de práticas culturalmente desenvolvidas e transmitidas – uso do fogo, eliminação de plantas concorrentes ou "pragas", eliminação de animais "daninhos", fertilização artificial, adição manual ou mecânica de água etc. As agriculturas familiar, "natural", orgânica, biodinâmica etc. fazem o mesmo, mesmo que em escala menor: produzem plantas e animais selecionados e provocam interferências profundas nos ecossistemas nativos, importam insumos externos, e adicionam muito trabalho e muita tecnologia.

Ilustrativo de tudo isso é que, em todos os continentes e latitudes, as principais plantas domesticadas pela humanidade são (i) pouco numerosas em relação aos componentes dos respectivos ecossistemas nativos e (ii) invariavelmente de ciclo curto. Cultivamos principalmente gramas, capins e ervas (como trigo, arroz, milho, aveia, feijões, cana de açúcar), raízes ou tubérculos (batata, batata doce, inhame), e folhas diversas, cujos ciclos de vida variam de algumas semanas a uns poucos meses. Isso resulta da "pressa" que os humanos têm de obter alimentos. Existem, é verdade, numerosas árvores frutíferas domesticadas que demoram alguns anos para começar a produzir e que dão apenas colheitas anuais. Muitas, no entanto, levam menos de 10 anos para começar a produzir, prazo viável apenas para grupos humanos mais sedentarizados ou para grupos seminômades. Os humanos têm selecionado artificialmente as variedades de frutíferas que produzem frutos mais rapidamente e/ou o ano inteiro e têm conseguido reduzir os prazos de espera. No entanto, árvores frutíferas nunca forneceram os alimentos básicos de qualquer população humana registrada. Frutas são quase sempre alimento complementar para os humanos. Plantar castanheiras (para colher castanha-do-Pará) ou araucárias (para colher pinhão), em contraste, significa esperar muitos anos até que elas produzam frutos e sementes. Por isso, a castanha e o pinhão continuam a ser produtos eminentemente extrativos, e não agrícolas, e sequer silviculturais.

Há mais detalhes a destacar sobre o caráter ecologicamente desequilibrado da agricultura e, por extensão, da própria cultura humana. Afirmei acima que quase todas as plantas domesticadas pelos humanos são de ciclo curto. Isso significa que elas são oriundas de – e adaptadas a – áreas sujeitas a perturbações (fogo, desmatamento, avalanches, enchentes) e/ou à exposição solar total. É nessas condições que elas crescem mais rapidamente e vencem a competição com eventuais concorrentes. Disso resulta que todos os sistemas agrícolas (1) são sempre associados a algum regime humano de uso do fogo (agente acelerador, modificador ou perturbador da natureza, por excelência) para eliminar a vegetação nativa e acelerar a reciclagem de nutrientes e (2) quase sempre adotam a eliminação total da flora nativa (principalmente árvores e arbustos), para permitir a exposição plena das plantas cultivadas ao sol e lhes dar acesso exclusivo aos nutrientes do solo. Essas duas práticas são complementadas pela eliminação ou pela tentativa de eliminação de todos e quaisquer animais e micro-organismos que de alguma forma prejudiquem as plantas cultivadas.

Os sistemas chamados "tradicionais" de horticultura/policultura, principalmente em biomas de florestas tropicais úmidas, não fogem dessas regras. As duas práticas citadas acima ocorrem neles, embora sejam um tanto amenizadas por fatores como: uso conjunto de plantas apreciadoras de sol e de outras que vivem à sombra das primeiras, áreas desmatadas relativamente pequenas, tolerância ao crescimento de algumas plantas "inúteis" que competem com os cultivos, e assim por diante. Mas mesmo nesses tipos de cultivos (i) o fogo é imprescindível para abrir ou reabrir campos de cultivo e (ii) as plantas cruciais à segurança alimentar são sempre o centro dos esforços, por causa dos seus ciclos curtos, que exigem clareiras, capinas e sol abundante. Nas agriculturas neolíticas modernas e contemporâneas, a monocultura, as pressões pela acumulação de excedentes, as trocas comerciais, o crescimento populacional, o sedentarismo, e a permanência de campos cultivados por decênios e mesmo séculos têm favorecido e disseminado cada vez mais as culturas de ciclo curto e o uso preferencial de áreas inteira e duradouramente despidas de sua vegetação nativa.

Assim, a humanidade prosperou com base em sistemas agrícolas artificiais, desenhados exatamente para tirar vantagem da maior produtividade biológica das plantas e dos sistemas "pioneiros" ou recentemente perturbados. Alguns sistemas são mais "leves" do que outros, mas a introdução de desequilíbrios pertence à natureza profunda de todos os sistemas agropecuários, inclusive os chamados agroecossistemas. É por isso que eu os considero tão naturais quanto máquinas ou obras de arte. Os humanos sempre preferiram e ainda preferem plantar arroz, milho e trigo (os três mais disseminados cultivos agrícolas, há muitos séculos), além de aveia, centeio, sorgo, alfafa, girassol, cana de açúcar, feijão, abóbora, ervilha, batata, batata doce, girassol, inhame, mandioca, folhas, hortaliças, banana, tomate, berinjela, e capins diversos para forragem. Por isso, elas são as plantas alimentares historicamente e contemporaneamente mais cultivadas (em termos de área plantada e de volume produzido) e mais consumidas (em termos de volume e nutrientes oferecidos). Todas crescem rapidamente, todas apreciam exposição solar total, todas se adaptam a terrenos perturbados.

O número total de plantas regularmente cultivadas para fins alimentares em todo o planeta chega a algumas centenas. Essa cifra pode impressionar os leigos como sendo enorme, mas ela empalidece quando comparada às milhares ou dezenas de milhares de plantas existentes em cada bioma e no conjunto dos biomas – muitas das quais são obviamente "inúteis" para os humanos. Essa flora "majoritária" dos ecossistemas naturais é sistematicamente substituída pelas "minoritárias" plantas cultivadas e é ignorada/desprezada pelos fabricantes de sistemas agropecuários, mesmo quando eles estão na faina de "contar espécies" para provar a riqueza da biodiversidade desses sistemas.

Esse apego humano aos ecossistemas em desequilíbrio se reflete também em nossos principais animais domésticos – cavalos, bois, ovelhas, cabras, burros, jumentos, lhamas, camelos, búfalos, renas etc. Antes de mais nada, as espécies domesticadas de animais também representam uma fração mínima das espécies animais existentes. Elas foram selecionadas para a domesticação por causa de diversos aspectos de comportamento, fisiologia, reprodução, tamanho etc., mas, propositadamente ou não, trata-se de herbívoros que comem capins, gramas e ervas, em pradarias, campos e savanas, formações cujos componentes apreciam a exposição solar total. Esses são os mesmos requisitos de quase todas as nossas plantas domesticadas. Raramente domesticamos animais das florestas densas maduras, por exemplo. Uma exceção seriam os porcos, onívoros que conseguem prosperar também em matas fechadas. Outra exceção são os cães domesticados, todos descendentes dos lobos, predadores que vivem tanto em matas fechadas quanto em campos abertos.

As plantas e os animais domesticados mostram, portanto, que a cultura é uma aliada histórica dos ecossistemas em desequilíbrio.

A cultura pratica sistematicamente a eliminação da biodiversidade natural dos ecossistemas maduros e os substitui por agroecossistemas artificiais, simplificados, empobrecidos, com componentes "embaralhados", dependentes da constante assistência humana. A prova dessa aliança profunda está no portfólio de plantas e animais prediletos da humanidade e nas paisagens majoritariamente abertas e biologicamente homogeneizadas que ela produz.

8 – Restaurar a biodiversidade?

Para além de usar a biodiversidade dos modos i, ii e iii (ver item 6), restam as opções iv e v – usá-la apenas em parte e recuperar as partes usadas. Os modos i e ii se referem a uma ampla gama de usos agropecuários, dos quais já tratei. A opção iii, que chamo de "reembaralhamento da biodiversidade", guarda relação com a agropecuária, mas foi destacada antes, brevemente, porque em alguns casos ela alimenta a mencionada ilusão de que, ao transferirmos plantas e animais de um lugar para outro, estamos enriquecendo a biodiversidade dos locais receptores. Não vou discutir esse tipo de uso para além de apontar essa ilusão. O modo iv não será abordado aqui. Ele é extensamente tratado em textos sobre áreas protegidas e unidades de conservação.

Vejamos, então, alguns pontos sobre o modo v. A rigor, considerar seriamente a possibilidade de recuperação da biodiversidade supõe que os humanos teríamos tido algum papel, mesmo secundário, na construção ou moldagem da natureza, da ecologia, da biodiversidade e do próprio processo evolutivo. No entanto, para o desalento dos otimistas do "humanismo imperial" ou do "imperialismo humano" (as duas expressões são de minha lavra), o fato é que não tivemos papel algum nisso. Mesmo agora, em pleno "Antropoceno", o nosso papel é essencialmente modificador, embaralhador, consumidor, simplificador, destrutivo, e não construtivo ou reconstrutivo.

No entanto, vamos supor, para efeitos de um exercício de reflexão, que, mesmo sem sermos "construtores" da biodiversidade nativa, sejamos capazes de assumir um papel "reconstrutor" dela. Sem meias palavras, essa suposição é pouco mais do que um desejo: a reconstituição da biodiversidade natural é uma tarefa que supera a capacidade humana. Existem, com efeito, estudos, projetos, cursos, técnicas e atividades que recebem os nomes de restauração ou recuperação de ecossistemas. "Recuperação de áreas degradadas" é a expressão mais comumente usada em português para designar os esforços mais complexos a que me refiro; *ecosystem reclamation* é a expressão mais comum em língua inglesa. Esses projetos são executados por cientistas, técnicos, comunidades e até por indivíduos. É altamente positivo que existam essas iniciativas, mesmo que em pequena escala; na verdade, é lamentável que a escala não seja muito maior

Cabe destacar que a restauração de que trato aqui vai além dos esforços de salvamento de espécies ameaçadas – alguns felizmente bem sucedidos. Houve e há em muitos lugares do mundo muitos programas desse tipo, bem ou mal sucedidos. O Brasil é responsável por pelo menos dois projetos emblemáticos desse tipo, o do mico-leão dourado e o das tartarugas marinhas (Tamar).

No entanto, não nos enganemos: os nomes que damos a essas iniciativas de maior amplitude são muito mais ambiciosos do que os seus resultados. As dificuldades são inúmeras e os esforços de recuperação podem durar décadas sem alcançar um sucesso sequer razoável. Mais frequentemente, o que se consegue nas tentativas de restaurar ecossistemas é formar uma cobertura vegetal contínua (de gramas e ervas, às vezes com adições de arbustos e árvores) em uma área fortemente degradada ou devastada, como, por exemplo, uma área submetida à mineração a céu aberto. Isso é bom, pois mitiga erosão, resguarda ou recupera corpos d'água, ajuda a recompor solos, atrai fauna e produz paisagens visualmente mais agradáveis. Esses resultados magros exigem muito trabalho, são demorados, são em geral "artesanais" (intensivos de trabalho manual), mas são valiosos e altamente desejáveis. Sem desprezar esses resultados, não será demais recordar que por vezes, dado o prazo necessário, eles podem ser alcançados também "gratuitamente" por meio da brotação natural de formações vegetais secundárias ou pela invasão igualmente natural de formações distintas da original.

No entanto, um feito desses está longe de merecer o nome de restauração ou recuperação da biodiversidade ou de ecossistemas. Os motivos são vários. Por exemplo, geralmente se usa nesse tipo de trabalho uma parcela maior ou menor de espécies de plantas não nativas dos ecossistemas a serem restaurados, por terem sido testadas extensamente em laboratório, em plantações experimentais ou em áreas devastadas de outros biomas e ecossistemas. O exemplo típico é o da *Acassia mangium*, espécie australiana muito empregada em projetos desse tipo. Essas espécies são escolhidas por uma série de características: conseguem vicejar em áreas profundamente alteradas, e/ou crescem velozmente, e/ou enriquecem a fertilidade do solo, e/ou dão sombreamento que protege outras plantas, e/ou protegem o solo contra erosão, e/ou atraem animais polinizadores. Às vezes são empregadas também algumas poucas espécies nativas sobre as quais existe algum conhecimento acumulado (plantio, requisitos nutricionais, atratividade para a fauna etc.).

Conforme mencionado, quando emerge um projeto para recuperar uma área degradada, tipicamente existe um déficit de conhecimento sobre a composição da flora e fauna originais e dos hábitats e ecossistemas. Mesmo que haja um conhecimento detalhado sobre plantas e animais nativos da área a recuperar, pode ocorrer que, reinstalados, eles não vinguem ou não reproduzam as inter-relações conhecidas ou supostas. Pode acontecer ainda de uma planta nativa ser conhecida e estar à mão, mas não haver conhecimento sobre como transplantá-la e/ou reproduzi-la na área em recuperação, já que em princípio se trata de planta não domesticada e talvez pouco estudada.

Outras vezes, simplesmente não se encontram *in situ* espécimes da espécie conhecida e desejada, o que faz com que elas tenham que ser buscadas *ex situ*, em áreas não degradadas ou até em jardins botânicos e zoológicos. Elas podem ter sofrido mudanças genéticas e comportamentais que inviabilizam a sua vida em ambiente "selvagem" ou apenas "semisselvagem". Adicionalmente, é difícil evitar a invasão espontânea de espécies não nativas em locais cuja flora e fauna nativas tenham sido fortemente impactadas pela ação humana. Tudo isso conduz os projetos de recuperação de áreas degradadas a ter preferência pelo uso inicial de plantas bem conhecidas, em torno das quais exista um "pacote tecnológico" pronto, que permita o seu uso imediato.

Examinemos um caso de restauração ecossistêmica intencional, concebido e executado em circunstâncias excepcionalmente propícias ao sucesso. Na University of Wisconsin (Madison, EUA), onde fiz, na década de 1990, o meu curso de doutorado, aproveitei alguns poucos fins de semana de folga para ouvir palestras e participar de jornadas de trabalho voluntário no belo *Arboretum* da universidade, localizado dentro dos limites urbanos da cidade de Madison. É uma espécie de jardim botânico, mas as suas origens e finalidades são bem distintas dos demais jardins botânicos de todo o mundo. Ao invés de se dedicar a aclimatar e propagar espécies oriundas de floras de outras partes do mundo, no *Arboretum* está em curso, desde a década de 1930, a mais antiga e duradoura experiência científica de restauração de ecossistemas nativos registrada em todo o mundo.[10]

Em duas pequenas fazendas falidas, vizinhas entre si, compradas na década de 1930 pela universidade especialmente para

---

[10] Ver informações gerais sobre o Arboretum da University of Wisconsin em http://uwarboretum.org/, acessado em 5 de novembro de 2013.

esse fim, várias gerações de professores, pesquisadores e alunos da University of Wisconsin e voluntários se sucederam desde então na tarefa de restaurar formações vegetais nativas. O foco principal do esforço tem sido um ecossistema chamado de *tall grass praire* (um tipo de pradaria de gramas altas), mas o trabalho se ampliou e incluiu áreas úmidas e formações florestais diversas igualmente nativas e associadas àquelas pradarias. Essas pradarias foram dominantes na área do entorno do perímetro urbano de Madison até serem quase integralmente eliminadas e substituídas por cultivos diversos feitos por milhares de agricultores familiares, a partir de 1850, aproximadamente.

Essas formações temperadas (Madison fica no Paralelo 43, Norte, aproximadamente) são dominadas por algumas poucas espécies de gramíneas e ervas, com a interpolação de árvores pequenas e arbustos, ambos esparsos. Entre plantas lenhosas e não lenhosas, essas formações contêm apenas algumas poucas dezenas de espécies visíveis a olho nu. A área em recuperação e todo o estado de Wisconsin são sujeitos a invernos muito rigorosos; são regularmente cobertos por dois a três metros de neve, durante quatro a cinco meses por ano. Essas formações temperadas têm, portanto, uma biodiversidade pobre, pelo critério de número de espécies e pelo critério de dinâmicas dos ecossistemas (pois ficam praticamente "congeladas" por vários meses de cada ano).

Por outro lado, o ecossistema das pradarias de gramas altas é bem estudado. Uma grande quantidade de espécies nativas foi identificada e descrita, com base em estudos feitos antes de sua conversão total para a agropecuária ou em estudos mais recentes feitos em trechos sobreviventes. O objetivo desse trabalho, desde o seu início, em 1933, foi o de restaurar essas pradarias com alto grau de "fidelidade". Elas são uma das mais simples formações vegetais temperadas úmidas, em termos de números de espécies, funções ecossistêmicas etc.; além disso, são bem estudadas pela ciência.

Departamentos universitários e cursos de graduação e pós-graduação foram criados na poderosa University of Wisconsin especificamente em função desse trabalho de restauração no *Arboretum*. Centenas de cientistas, doutorandos, mestrandos, graduandos, funcionários de prefeituras e organismos ambientais, fazendeiros e cidadãos, dos EUA e do mundo inteiro, fazem estágios, pesquisam ou fazem trabalho voluntário no *Arboretum* desde a sua origem. Os voluntários (inclusive cidadãos comuns) dão assistência aos pesquisadores, ajudam a coletar materiais, fazem anotações, apagam incêndios, anotam os nomes e fotografam plantas e animais, cuidam de arquivos, viveiros e laboratórios, recebem e guiam visitantes etc. A universidade, uma das maiores do país e do mundo, dá forte apoio financeiro, logístico, científico, operacional e institucional ao *Arboretum*.

Quais são os resultados desse trabalho, feito em condições tão propícias? Depois de quase 80 anos contínuos, em que as ações de restauração foram rigorosamente registradas para cada metro quadrado do *Arboretum*, o sucesso na restauração desse ecossistema temperado, de biodiversidade pobre e muito bem inventariada, é considerado apenas moderado – embora animador – pelos cientistas responsáveis. As antigas fazendas falidas, que não chegaram a fazer uma devastação total das pradarias nativas, estão hoje recobertas por vegetação predominantemente nativa, a ponto de ser difícil encontrar evidências de que tenha havido fazendas ali.

No entanto, o sucesso ainda é incompleto. As equipes enfrentaram e continuam a enfrentar alguns dos problemas mencionados acima e outros tantos, tais como: optar pelo uso ou pela exclusão do fogo; não encontrar espécimes de plantas nativas que sabidamente compunham as formações originais; não conseguir reproduzir as plantas nativas encontradas e reintroduzidas; lidar com espécies invasoras, e assim por diante.

O trabalho prossegue, com apoio, participação e entusiasmo, e o *Arboretum* continua popular entre cientistas, estudantes, cidadãos e ativistas ambientais. Ele gerou centenas de teses, dissertações, artigos, manuais técnicos, bases de dados etc. e serviu como referência para dezenas de iniciativas similares em várias partes do mundo. No entanto, o *Arboretum* e o esforço de recuperação das pradarias ainda representam mais um desafio a ser completado e um esforço a ser continuado do que um projeto acabado, ou mesmo um modelo a ser seguido.

Moral da história: é melhor ser humilde quando se levanta a bandeira da restauração da biodiversidade natural em áreas usadas pela agricultura e pela pecuária, ou em áreas afetadas por minas, estradas, ferrovias, linhas de transmissão etc., ainda mais quando essas áreas forem tropicais, de biodiversidade rica, complexa e pouco estudada. No entanto, percebo que existe entre alguns cientistas e técnicos um otimismo pouco fundamentado e, no limite, arrogante – quando afirmam que a restauração da biodiversidade nativa em áreas agropecuárias é factível e que faltaria apenas a sempre evanescente "vontade política". Vontade política, infelizmente, não resgata espécies extintas ou ecossistemas desmontados. Lamentavelmente, muitas vezes ocorre um contrabando conceitual, substituindo-se a tarefa difícil/impossível de restauração da biodiversidade nativa (i) pela mera reinstalação de usos agropecuários mais leves ou (ii) pela instalação de uma pobre cobertura de gramados e/ou arvoredos exóticos.

É em momentos como esse – tentativas de restaurar ecossistemas – que fica claro que agricultura e pecuária não são usos "leves" da terra e dos demais recursos. Os efeitos da eliminação da fauna e flora nativas, do manejo da água, do aterramento ou drenagem de áreas úmidas, do revolvimento dos solos, do aplainamento dos terrenos, da introdução de espécies exóticas e do uso de insumos químicos etc. se acumulam nessa "hora da verdade" e cobram a conta. Alguns "otimistas da restauração" talvez não admitam que áreas agrícolas e pecuárias são construtos culturais que empobrecem a biodiversidade, tal como fábricas, shopping centers, estacionamentos e vias expressas.

Além das numerosas dificuldades materiais e objetivas, vale acrescentar que certas percepções culturais sobre a natureza atrapalham a limitadíssima capacidade humana de restaurar ecossistemas, paisagens e biodiversidade naturais. A biodiversidade e os seus componentes podem parecer genericamente belos e desejáveis para algumas pessoas, mas para outros (uma ampla e persistente maioria) sempre haverá componentes indesejáveis, feios, irrelevantes, mal cheirosos, inúteis, repulsivos, perigosos, dispensáveis etc. Alguns apoiarão ativamente a proteção do mico-leão dourado e das tartarugas marinhas, enquanto outros terão apenas uma simpatia passiva pela causa. Mas, os opositores, mesmo que não se manifestem de forma veemente, indagarão sobre o motivo de se gastar tanto dinheiro e trabalho com duas espécies "inúteis". Campanhas similares para proteger, digamos, onças, tubarões, cobras e gambás talvez gerem oposição ainda mais forte. No entanto, a biodiversidade é um "pacote" diversificado e grande – é conceitualmente absurdo selecionar os integrantes que devem ser protegidos, porque agradam ao *Homo sapiens*, e deixar de fora outros porque não nos agradam. É absurdo, mas não inédito: o serviço florestal dos EUA (USFS), por exemplo, passou décadas eliminando sistematicamente predadores (ursos, lobos, coiotes, felinos e outros) em todas as suas florestas nacionais. como parte de um programa de "proteção" da fauna.

A interação dos diversos grupos de *Homo sapiens* com os seus diferentes meios naturais cria preferências e antipatias, algumas datadas e locais, outras recorrentes e universais. Por exemplo, os primatas são implacavelmente caçados por muitos povos indígenas ou caboclos da Amazônia florestada, que consideram a sua carne uma iguaria. Cobras são recorrentemente alvos de medo e rejeição entre povos de muitas partes do mundo. Primatas e cobras são, no entanto, "cidadãos" plenos dos ecossistemas em que ocorrem, tanto quanto animais de sabor intragável, ou feios, ou venenosos, ou ameaçadores para os humanos, tanto quanto animais belos, nobres ou inofensivos.

Outro obstáculo comum é o dos julgamentos "morais" ou "estéticos" sobre a natureza. Eles podem se infiltrar mesmo em projetos de restauração conduzidos por cientistas altamente capacitados. Julgamentos de valor podem inviabilizar no nascedouro os esforços que se anunciam como restauradores da biodiversidade nativa. Um exemplo bem conhecido disso é o da exclusão (como fez o USFS, mencionado acima) de animais predadores dos programas de proteção ou restauração, por serem vistos como animais "maus", que atacam cruelmente as presas "boas". Predadores que ameaçam os humanos ficam em situação ainda mais delicada. Animais de comportamento "moralmente condenável" merecem antipatias que interferem na sua inclusão em programas de restauração de biodiversidade, pois supostamente cometem "infanticídio" (matam filhotes) ou "abandonam" os filhotes, ou são "promíscuos", ou demonstram "covardia" – ou por causa de outros julgamentos rigorosamente absurdos do ponto de vista de quem lida cientificamente com a natureza. Programas substantivos de restauração ecossistêmica não envolvem apenas cientistas eventualmente livres desses juízos de valor. Esses programas precisam envolver a população como um todo, que pode ter as suas antipatias e indiferenças em relação a certos animais. Alterar juízos de valor fortemente disseminados, sobre qualquer assunto, não é uma proposição fácil.

O mesmo pode ocorrer com componentes do mundo vegetal. Em muitos casos, belas plantas (que dão flores cheirosas e coloridas) podem polarizar os esforços dos restauradores, enquanto as plantas feias e mal cheirosas ficam de fora. Os povos que praticam agricultura e pecuária, mesmo a mais "tradicional", agroecológica, orgânica ou policultora, tipicamente desenvolvem hostilidade em relação a pragas vegetais (e animais) que atacam ou competem com as suas plantas e os seus animais domesticados. Por isso, fruticultores não apoiarão programas de reintrodução de periquitos e papagaios que atacam os seus pomares e pecuaristas resistirão à reintrodução de onças que predam os seus bois.

9 – Uma opção para o Brasil – proteger o patrimônio de biodiversidade natural

Racapitulo os pontos principais do texto. A biodiversidade é anterior à existência dos seres humanos. Ela não foi construída nem pode ser recuperada pelos humanos. Ela apareceu muito antes do início dos breves 15 minutos em que o *Homo sapiens* ocupa lugar de destaque no palco do espetáculo do processo evolutivo. O *Homo sapiens* herda a biodiversidade como um patrimônio que ele não construiu. Por isso, a defesa desse patrimônio não é priorizada, já que os humanos valorizam e protegem preferencialmente aquilo que ele construíram. Esse patrimônio só pode ser consumido e empobrecido pelos humanos, com escassa margem para atos de fruição estética ou de recuperação. Não existe sociedade humana que não consuma e não empobreça a biodiversidade. Mesmo se a biodiversidade for "deixada em paz" pelos humanos, ainda assim ela pode se empobrecer gradual ou radicalmente em virtude de variadas causas naturais.

A biodiversidade nativa é, portanto, uma dotação, um legado, um patrimônio frágil, que os usos humanos tendem apenas a reduzir, ou empobrecer, ou degradar, ou destruir. Por outro lado, a biodiversidade agropecuária – de um sojal de 500 hectares ou de uma roça de 50 metros quadrados – é sempre um construto cultural, uma versão artificial, empobrecida, instável e temporária da biodiversidade nativa, mas que suscita esforços de proteção e melhoria.

Como país cujo território é dotado de megabiodiversidade, entendo que o papel ideal do Brasil em relação a ela seria a de um "guardião" da enorme fatia da biodiversidade planetária que reside em suas fronteiras nacionais. Esse papel de guardião deve combinar usos moderados da biodiversidade na maior parte dos territórios e águas submetidos a atividades produtivas (inclusive nas unidades de conservação de uso sustentável), o estudo científico intensivo da biodiversidade, a preservação integral de porções dos seus biomas e ecossistemas (nas unidades de conservação de proteção integral) e esforços de recuperação de áreas degradadas (mesmo que apenas para o fim utilitário de reuso agropecuário).

Com isso, o Brasil tiraria vantagem da co-localização de uma biodiversidade natural riquíssima e de um enorme país/território soberano. Poderia assim (i) conhecer/proteger grande parte dessa biodiversidade (como componente de uma identidade e de uma missão nacionais) e (ii) continuar a usar outras partes dela para sustentar os brasileiros por via da agricultura, pecuária, extração, mineração, indústrias, comércio, cidades e infraestrutura – mantendo a sua valorizada identidade de nação de economia dinâmica e em desenvolvimento.

Qualquer país pode plantar soja e criar bois. Nenhum país pode, como o Brasil, combinar em seu próprio território tanta agricultura e pecuária com a proteção e o conhecimento de uma biodiversidade natural tão rica.

Brasília, março, abril 2010
julho 2012
janeiro, agosto, novembro 2013

Bibliografia

Nota: a lista a seguir contém uma amostra densa dos autores e obras com os quais aprendi a maior parte do que argumentei no ensaio. No entanto, as referências não estão comentadas, nem classificadas de acordo com os respectivos campos de saber e trabalho dos autores. As obras estão listadas na ordem alfabética dos últimos sobrenomes dos autores.

Ab'Saber, Aziz. *Amazônia – do discurso à práxis*. São Paulo: Edusp, 2004.

Ab'Saber, Aziz. *Os Domínios da Natureza no Brasil – potencialidades paisagísticas*. São Paulo: Ateliê, 2003.

Ab'Saber, Aziz. *Litoral do Brasil*. São Paulo: Metalivros, 2003.

Ab'Saber, Aziz e Luiz Claudio Marigo. *Ecossistemas do Brasil*. São Paulo: Metalivros, 2006.

Andrade, Manuel Correia de. *A Terra e o Homem no Nordeste*. 6ed. Recife: Editora Universitária da UFPE, 1998.

Atkins, Peter, Ian Simmons, Brian Roberts. *People, Land & Time – a historical introduction to the relations between landscape, culture and environment*. London: Arnold, 1998.

Barbier, Edward B. *Scarcity and Frontiers – how economies have developed through natural resource exploitation*. Cambridge: Cambridge University Press, 2011.

Barker, Grame. *The Agricultural Revolution in Prehistory – why did foragers become farmers?* New York: Oxford University Press, 2006.

Barros, Henrique Lins de. *Biodiversidade e Renovação da Vida*. São Paulo: Claro Enigma; Rio de Janeiro: Editora Fiocruz, 2011.

Bellwood, Peter. *First Farmers – the origins of agricultural societies*. Malden, Massachusetts: Blackwell, 2005.

Bensusan, Nurit, *Conservação da Biodiversidade em Áreas Protegidas*. Rio de Janeiro: editor da FGV, 2006.

Bensusan, Nurit, org. *Seria Melhor Mandar Ladrilhar? Biodiversidade, como, para que, por que?* Brasília: Editora da Universidade de Brasília; Instituto Socioambiental, 2002.

Bensusan, Nurit et al., orgs. *Biodiversidade: para comer, vestir ou passar no cabelo?*. São Paulo: Peirópolis, 2006.

Boserup, Ester. *The Conditions of Agricultural Growth – the economics of agrarian change under population pressure.* London: Earthscan, 1965.

Bright, Chris. *Life out of Bounds – bioinvasion in a borderless world.* New York: Norton, 1998.

Broswimmer, Franz J. *Ecocide – a short history of the mass extinction of species.* London: Pluto Press, 2002.

Bueno, Eduardo et al. *Pau-brasil.* São Paulo: Axis Mundi, 2002.

Burdick, Alan. *Out of Eden – an odyssey of ecological invasion.* New York: Farrar, Strauss and Giroux, 2005.

Câmara, Ibsen de Gusmão. *Megabiodiversidade Brasil.* Rio de Janeiro: Sextante, 2001.

Cavalli-Sforza, Luigi Lucca. *Genes, Povos e Línguas.* São Paulo: Companhia das Letras, 2003.

Cochran, Gregory and Henry Harpending. *The 10,000 Year Explosion – how civilization accelerated human evolution.* New York: Basic Books, 2009.

Coimbra Filho, Adelmar e Ibsen de Gusmão Câmara. *Os Limites Originais do Bioma Mata Atlântica na Região Nordeste do Brasil.* Rio de Janeiro: Fundação Brasileira de Conservação da Natureza, 1996.

Conniff, Richard. *The species seekers – heroes, fools and the mad pursuit of life on Earth.* New York: Norton, 2011.

Couto, Jorge. *A Construção do Brasil – ameríndios, portugueses e africanos, do início do povoamento a finais de Quinhentos.* Lisboa: Cosmos, 1998.

Cronon, William. *Changes in the Land – Indians, colonists and the ecology of New England.* New York: Hill and Wang, 1983.

Crosby, Alfred W. *The Columbian Exchange – biological and cultural consequences of 1492.* Westport, Connecticut: Greenwood Press, 1973.

Crosby, Alfred W. *Ecological Imperialism – the biological expansion of Europe, 900-1900.* Cambridge: Cambridge University Press, 1986.

Dawkins, Richard. *The Blind Watchmaker – why the evidence of evolution reveals a universe without design.* New York: Norton, 1986.

Dawkins, Richard. *The Greatest Show on Earth – the evidence for evolution.* New York: Free Press, 2009.

Dean, Warren. *With Broadax and Firebrand – the destruction of the Brazilian Atlantic Forest.* Berkeley: University of California Press, 1995.

Dean, Warren. *Brazil and the Struggle for Rubber – a study in environmental history.* Cambridge: Cambridge University Press, 1987.

Diamond, Jared. *Collapse: How Societies Choose to Fail or Succeed.* New York: Penguin Books, 2005.

Diamond, Jared. *Guns, Germs and Steel – the fates of human societies.* New York: Norton, 1998.

Dillehay, Thomas D. *The Settlement of the Americas – a new prehistory.* New York: Basic Books, 2000.

Dourojeanni, Marc J. *Crónica Forestal del Perú.* Lima: Universidad Nacional Agraria La Molina; editorial San Marcos, 2009.

Ehrlich, Paul. *Human natures – genes, cultures and the human prospect.* New York: Penguin, 2002.

Ehrlich, Paul. *The Machinery of Nature – The Living World Around Us and How it Works.* New York: Simon and Schuster, 1986.

Ehrlich, Paul and Anne Ehrlich. *The Dominant Animal – human evolution and the environment.* Washington: Island Press, 2008.

Ehrlich, Paul and Anne Ehrlich. *Extinction – the causes and the consequences of the disappearance of species.* New York: Balantine, 1983.

Elton, Charles S. *The Ecology of Invasions by Animals and Plants.* Chicago: The University of Chicago Press, 1958.

Erwin, Douglas H. *Extinction – how life on Earth nearly ended 250 million years ago*. Princeton: Princeton University Press, 2006.

Fernandez, Fernando. *O poema imperfeito – crônicas de biologia da conservação da natureza e seus heróis*. 2 ed., revista. Curitiba: Fundação O Boticário e Editora da Universidade Federal do Paraná, 2009.

Forsyth, Adrian and Ken Mitaya. *Tropical Nature – life and death in the rain forests of Central and South America*. New York: Charles Scribner and Sons, 1984.

Fortey, Richard A. *Life: An Unauthorised Biography: a natural history of the first four thousand million years of life on Earth*. London: Flamingo, 1997.

Freinkel, Susan. *American Chestnut – the life, death and rebirth of a perfect tree*. Berkeley: University of California Press, 2007.

Freyre, Gilberto. *Nordeste – aspectos da influência da cana sobre a vida e a paisagem do Nordeste do Brasil*. 5 ed. Rio de Janeiro: José Olympio; Recife: Fundação do Patrimônio Histórico e Artístico de Pernambuco, 1985.

Funari, Pedro Paulo e Francisco Silva Noelli. *Pré-História do Brasil*. 2 ed. São Paulo: Contexto, 2005.

Futuyma, Douglas J. *Biologia Evolutiva*. 2 ed. Ribeirão Preto: FUNPEC – RP, 2002.

Gaspar, Maria Dulce. *Sambaqui: arqueologia do litoral brasileiro*. Rio de Janeiro: Jorge Zahar, 2000.

Geertz, Clifford. *Agricultural Involution: the processes of ecological change in Indonesia*. Berkeley: University of California Press, 1963.

Geertz, Clifford. *The Interpretation of Cultures: selected essays*. New York: Basic Books, 1973.

Gibbons, Whit. *Keeping all the Pieces – perspectives on natural history and the environment*. Athens, Georgia: The University of Georgia Press, 2010.

Goudsblom, Johan. *Fire and civilization*. London: Penguin Books, 1992.

Gould, Stephen J. *Bully for Brontossaurus – reflections in natural history*. New York: Norton, 1991.

Gould, Stephen Jay. *Ever Since Darwin – reflections in natural history*. New York: Norton, 1977.
Gould, Stephen Jay. *Hen's Teeth and Horse's Toes – further reflections in natural history*. New York: Norton, 1983.
Gould, Stephen J. *I have landed – the end of a beginning in natural history*. Cambridge, Massachusetts: Harvard University Press, 2011.
Gould, Stephen Jay. *The Panda's Thumb – more reflections in natural history*. New York: Norton, 1982.
Grove, Richard H. *Green Imperialism – colonial expansion, tropical island Edens and the origins of environmentalism*. Cambridge: Cambridge University Press, 1995.
Hardin, Garrett. *Filters against Folly – how to survive despite economists, ecologists and the merely eloquent*. New York: Penguin, 1986.
Hardin, Garrett. *Naked Emperors – essays of a taboo stalker*. Los Altos, California: William Kaufman, 1982.
Hardin, Garrett. The Tragedy of the Commons. *Science*, 162(3959): 1243-1248. 1968
Harkin, Michael E. and David Rich Lewis, eds. *Native Americans and the Environment – perspectives on the ecological Indian*. Lincoln: University of Nebraska Press, 2007.
Harris, Marvin. *Cultural Materialism: the struggle for a science of culture*. New York: Random House, 1979.
Harris, Marvin. *Culture, People and Nature*. New York: Harper and Row, 1980.
Harris, Marvin. *The Rise of Anthropological Theory*. New York, Thomas Y. Crowell, 1968.
Hecht, Susanna and Alexander Cockburn. *The Fate of the Forest – developers, destroyers and defenders of the Amazon*. London and New York: Verso, 1989.
Hemming, John. *The Conquest of the Incas*. New York: Harcourt, 1970.
Hemming, John. *Tree of Rivers – the story of the Amazon*. London: Thames & Hudson, 2008.
Hennessy, Alistair. *The Frontier in Latin American History*.

Albuquerque, New Mexico: University of New Mexico Press, 1978.

Holanda, Sérgio Buarque de. *Caminhos e Fronteiras*. 3 ed. São Paulo: Companhia das Letras, 1994.

Holanda, Sérgio Buarque de. *O Extremo Oeste*. São Paulo: Brasiliense e Secretaria de Estado da Cultura, 1986.

Holanda, Sérgio Buarque de. *Monções*. 3 ed., revista e ampliada. São Paulo: Brasiliense, 1990.

Holanda, Sérgio Buarque de. *Raízes do Brasil*. 19 ed. Rio de Janeiro: José Olympio, 1987.

Holanda, Sérgio Buarque de. *Visão do Paraíso – os motivos edênicos no descobrimento e na colonização do Brasil*. 4 ed. São Paulo: Nacional, 1985.

Hughes, J. Donald. *An Environmental History of the World – humankind's changing role in the community of life*. London: Routledge, 2001.

Jackson, Joe. *The Thief at the End of the World – rubber, empire and the obsessions of Henry Wickham*. London: Duckworth, 2008.

Krech III, Shepard. *The Ecological Indian – myth and history*. New York: Norton, 1999.

Leitão, Cândido de Mello. *A Biologia no Brasil*. Coleção Brasiliana, vol. 99. São Paulo: Nacional, 1937.

Leonardi, Victor. *Entre árvores e esquecimentos – história social nos sertões do Brasil*. Brasília: Editora da UnB; Paralelo 15, 1996.

Leonardi, Victor. *Os Historiadores e os Rios – natureza e ruína na Amazônia brasileira*. Brasília: Paralelo 15; Editora da Universidade de Brasília, 1999.

Leopold, Aldo. *A Sand County Almanac – and sketches here and there*. 61st printing [1949]. London: Oxford University Press, n. d.

Levy, Buddy. *Conquistador – Hernán Cortés, King Montezuma and the last stand of the Aztecs*. New York: Bantam, 2008.

Levy, Sharon. *Once and future giants – what ice age extinctions tell us about the fate of the Earth's largest animals*. New York: Oxford University Press, 2011

Lewinsohn, Thomas M. e Prado, Paulo Inácio. *Biodiversidade*

Brasileira – síntese do estado atual do conhecimento. 2 ed. São Paulo: Contexto, 2004.

Lovelock, James. *The Ages of Gaia – A Biography of Our Living Earth*. New York: Norton, 1988.

Lovelock, James. *Gaia: A New Look at Life on Earth*. 3rd ed. Oxford: Oxford University Press, 1979.

Lovelock, James. *The Revenge of Gaia: Why the Earth Is Fighting Back – and How We Can Still Save Humanity*. Santa Barbara: Allen Lane, 2006.

Low, Tim. *Feral Future – the untold story of Australia's exotic invaders*. 2 ed. Chicago: The University of Chicago Press, 2001.

Macdougal, Doug. *Frozen Earth – the once and future story of ice ages*. Berkeley: university of California Press, 2004.

MacKinnonn, J. B. *The Once and Future World – nature as it was, as it is, as it could be*. Boston: Houghton Miflin, 2013.

Mann, Charles C. *1491 – new revelations of the Americas before Columbus*. New York: Vintage, 2005.

Mann, Charles C. *1493 – uncovering the new world Columbus created*. New York: Alfred A. Knopf, 2011.

Martin, Calvin. *Keepers of the Game – Indian-animal relationships and the fur trade*. Berkeley: University of California Press, 1978.

Martins, Márcio e Paulo Takeo Sano. *Biodiversidade Tropical*. São Paulo: Editora UNESP, 2009.

Mayr, Ernst. *Biologia, Ciência Única*. São Paulo: Companhia das Letras, 2005.

Mazoyer, Marcel & Laurence Roudart. *História das Agriculturas no Mundo – do neolítico à crise contemporânea*. São Paulo: Editora UNESP; Brasília: NEAD, 2010.

McNeill, John and Verena Winiwarter, eds. *Soils and Societies – perspective from environmental history*. Strond, Isle of Harris: The White Horse Press, 2006.

Meggers, Betty J. *Amazonia – man and culture in a counterfeit paradise*. Arlington Heights, Illinois: Harlan Davidson, 1971.

Meine, Curt. *Aldo Leopold – his life and work*. Madison: The University of Wisconsin Press, 2010.

Meltzer, David. J. *First Peoples in a New World – colonizing ice age America*. Berkeley: University of California Press, 2009.

Meyer, Stephen M. *The End of the Wild*. Cambridge, Massachusetts: The MIT Press, 2006.

Miller, Shawn. *An Environmental History of Latin America*. Cambridge: Cambridge University Press, 2007.

Mithen, Steven. After the Ice – a global human history, 20,000 – 5,000 BC. Cambridge: Harvard University Press, 2003.

Montgomery, David R. *Dirt – the erosion of civilizations*. Berkeley: University of California Press, 2007.

Moral, Roger del and Lawrence R. Walker. *Environmental Disasters, Natural Recovery and Human Responses*. New York: Cambridge University Press, 2007.

Moran, Emilio. *Human Adaptability – an introduction to ecological anthropology*. 2 ed. Boulder, Colorado: Westview Press, 2000.

Moran, Emilio. *People and nature – an introduction to human ecological relations*. Oxford: Blackwell, 2006.

Myers, Norman. *The Primary Source – tropical forests and our future*. New York: Norton, 1985.

Myers, Norman. *The Sinking Ark: a new look at the problem of disappearing species*. Oxford: Pergamon, 1979.

Nash, Roderick. *Wilderness and the American Mind*. 3 ed. Cambridge: Yale University Press, 1982.

Nascimento, Jorge Luiz do e Ivan Braga Campos, orgs. *Atlas da Fauna Brasileiras Ameaçada de Extinção em Unidades de Conservação Federais*. Brasília: ICMBIO, 2011.

Neiman, Zysman. *Era Verde? – ecossistemas brasileiros ameaçados*. 23 ed. São Paulo: Editora Atual, 1989.

Norton, Bryan G. *Why Preserve Natural Variety?* Princeton: Princeton University Press, 1987.

Norton, Bryan G., ed. *The Preservation of Species – the value of biological diversity*. Princeton: Princeton University Press, 1986.

Papavero, Nelson et al. *História da Biogeografia – do Gênesis à primeira metade do século XIX*. Rio de Janeiro: Technical Books Editora, 2013.

Odum, Eugene. *Ecologia*. Rio de Janeiro: Editora Guanabara, 1988.

Ostrom, Elinor. *Governing the Commons: the evolution of institutions for collective action.* Cambridge: Cambridge University Press, 1990.

Pádua, José Augusto. *Um sopro de destruição.* Rio de Janeiro: Jorge Zahar, 2002.

Pena, Sérgio D. J., org. *Homo brasilis: aspectos genéticos, linguísticos, históricos e socioantropológicos da formação do povo brasileiro.* Ribeirão Preto: FUNPEC-RP, 2002.

Penna, Anthony N. *The Human Footprint – a global environmental history.* Chicester, West Sussex: Wiley-Blackwell, 2010.

Pointing, Clive. *A Green History of the World – the environment and the collapse of great civilizations.* New York: Penguin, 1991.

Prado Jr., Caio. *Formação do Brasil Contemporâneo – Colônia.* 14 ed. São Paulo: Brasiliense, 1976.

Price, T. Douglas and Anne Birgitte Gebauer, eds. *Last Hunters, First Farmers – new perspectives on the prehistoric transition to agriculture.* Santa Fe, New Mexico: School of American Research Press, 1995.

Pyne, Stephen J. *Fire in America – a cultural history of wildland and rural fire.* Princeton: Princeton University Press, 1988.

Quammen, David. *The Song of the Dodo – island biogeography in an age of extinction.* New York: Scribner, 1996.

Reader, John. *Man on Earth – a celebration of mankind.* New York: Harper and Row, 1988.

Redman, Charles L. *Human Impact on Ancient Environments.* Tucson: The University of Arizona Press, 1999.

Ribeiro Darcy. *O Povo Brasileiro – a formação e o sentido do Brasil.* São Paulo: Companhia das Letras, 1995.

Ribeiro Darcy. *O Processo Civilizatório – etapas da evolução sociocultural.* Rio de Janeiro: Civilização Brasileira, 1968.

Roberts, Neil. *The Holocene – an environmental history.* Malden, Massachusetts: Blackwell, 1989.

Russell, Emily W. B. *People and the Land through Time – linking ecology and history.* New Haven, Connecticut: Yale University Press, 1997.

Sahlins, Marshall. *Culture and Practical Reason*. Chicago: University of Chicago Press, 1976.

Sahlins, Marshall. *Stone Age Economics*. New York: Aldine de Gruyter Books, 1972.

Sahlins, Marshall and Service, Elman R., eds. *Evolution and Culture*. Ann Arbor: The University of Michigan Press, 1960.

Santilli, Juliana. *Agrobiodiversidade e Direitos dos Agricultores*. São Paulo: Peirópolis, 2009.

Schwartz, Glenn M. and John. J. Nichols, eds. *After Collapse – the regeneration of complex societies*. Tucson, Arizona: The University of Arizona Press, 2006.

Sears, Paul B. *Deserts on the March*. Washington, D.C.: Island Press, 1988.

Silva, Hilton P. e Claudia Rodrigues-Carvalho, orgs. *Nossa Origem – o povoamento das Américas – visões multidisciplinares*. Rio de Janeiro: Vieira & Lent, 2006.

Simmons, I. G. *Changing the Face of the Earth – culture, environment, history*. 2nd edition. Cambridge, Massachusetts: Blackwell, 1989.

Skyes, Bryan. *As Sete Filhas de Eva – a ciência que revela nossa herança genética*. São Paulo: Record, 2003.

Smil, Vaclav. *Harvesting the Biosphere – what we have taken from nature*. Cambridge, Massachusetts: The MIT Press, 2013.

Steward, Julian. *Evolution and Ecology*. Edited by Jane C. Steward and Robert F. Murphy. Urbana: University of Illinois Press, 1977.

Steward, Julian, ed. *Handbook of South American Indians*. Washington, D.C.: Smithsonian Insitution, 1946-1950.

Steward, Julian. *Theory of Cultural Change*. Urbana: University of Illinois, Press, 1955.

Stringer, Chris. *Lone Survivors – how we came to be the only humans on Earth*. New York: Henry Holt, 2012.

Tainter, Joseph A. *The Collapse of Complex Societies*. Cambridge: Cambridge University Press, 1988.

Tenório, Maria Cristina org. *Pré-História da Terra Brasilis*. Rio de Janeiro: Editora da Universidade Federal do Rio de Janeiro, 1999.

Todd, Kim. *Tinkering with Eden – a natural history of exotic species in America*. New York: Norton, 2001.
Tucker, Richard. *Insatiable Appetite – The United States and the ecological degradation of the tropical world*. Berkeley: University of California Press, 2000.
Tudge, Colin. *The Bird – a natural history of who birds are, where they come from and how they live*. New York: Crown, 2008.
Tudge, Colin. *The Engineer in the Garden – genetics: from the idea of heredity to the creation of life*. London: Pimlico, 1993.
Tudge, Colin and Josh Young. *The Link: Uncovering Our Earliest Ancestor*. London: Hachette Digital, 2009.
Tudge, Colin. *The Time before History – 5 million years of human impact*. New York: Touchstone, 1996.
Tudge, Colin. *The Tree. A natural history of what trees are, how they live, and why they matter*. New York: Crown Publishers, 2005.
Tudge, Colin. *The Variety of Life – a survey and a celebration of all creatures that have ever lived*. Oxford: Oxford University Press, 2000.
Tudge, Colin. *Why Genes Are Not Selfish and People Are Nice: A Challenge to the Dangerous Ideas that Dominate our Lives*. Edinburgh: Floris Books, 2013.
Turner, Frederick. *Beyond Geography – The Western spirit against the wilderness*. New Brunswick, New Jersey: Rutgers University Press, 1983.
Turner, Frederick Jackson. The Significance of the Frontier in American History. *Report of the American Historical Association for 1893*, 199-227.
Waibel, Leo. *Capítulos de Geografia Tropical e do Brasil*. 2 ed., anotada. Rio de Janeiro: IBGE, 1979.
Ward, Peter. *The End of Evolution – on mass extinctions and the preservation of biodiversity*. New York: Bantam Books, 1994.
Ward, Peter. *The Medea Hypothesis – is life on Earth ultimately self-destructive?* Princeton: Princeton University Press, 2009.
Ward, Peter. *Under a Green Sky*. New York: Smithsonian Books and Harper & Collins, 2007.

Webb, Walter Prescott. *The Great Frontier.* Lincoln and London: University of Nebraska Press, 1986.

White, Leslie. *The Evolution of Culture.* New York: McGraw Hill, 1959.

Wilson, David J. *Indigenous South Americans of the Past and Present – an ecological perspective.* Boulder, Colorado: Westview Press, 1999.

Wilson, Edward O. *Biophilia – the human bond with other species.* Cambridge: Harvard University Press, 1984.

Wilson, Edward O. *The Creation. – an appeal to save life on Earth.* New York: Norton, 2006.

Wilson, Edward O. *The Diversity of Life.* Cambridge: Harvard University Press, 1992.

Wilson, Edward O. *The Future of Life.* New York: Random House, 2002.

Wilson, Edward O. *Naturalist.* Washington, D. C.: Island Press, 1994.

Wilson, Edward O. *In Search of Nature.* Washington, D. C.: Island Press, 1996.

Wilson, Edward O., ed. *Biodiversity.* Washington D. C.: National Aacademy Press, 1988.

Wood, Dennis. *Five billion years of global change – a history of the land.* New York: The Guilford Press, 2004.

Worster, Donald. *A Passion for Nature – the life of John Muir.* Oxford: Oxford University Press, 2008

Worster, Donald. *Dust Bowl – The Southern Plains in the 1930's.* Oxford: Oxford University Press, 1982.

Zeder, Melina A. et al., eds. *Documenting Domestication – new genetic and archeological paradigms.* Berkeley: University of California Press, 2006.

Sobre o autor

JOSÉ AUGUSTO DRUMMOND nasceu em New York City (EUA), em 1948. Filho de pais brasileiros e cariocas, tem cidadania norte-americana e brasileira. Viveu dois terços de sua vida no Brasil (Rio de Janeiro, Nova Friburgo e Brasília). Viveu o terço restante nos EUA – New Orleans (Louisiana), Olympia (Washington), Madison (Wisconsin), Birmingham (Alabama), Bloomington (Illinois) e Fort Collins (Colorado). Graduou-se em Ciências Sociais, pela Universidade Federal Fluminense (Niterói), em 1975. Lecionou ciência política na UFF entre 1978 e 1999. Fez os seus estudos de pós-graduação nos EUA (M. Sc. em Environmental Science, pela The Evergreen State College, Olympia, Washington (EUA), concluído em 1988; Ph. D. em Land Resources, pela University of Wisconsin, Madison (EUA), concluído em 1999.

Desde 2004 é professor da Universidade de Brasília, lotado no Centro de Desenvolvimento Sustentável, no qual é docente permanente do Programa de Pós-Graduação em Desenvolvimento Sustentável (conceito 6 na CAPES). Fez pós-doutorado na Colorado State University, Fort Collins, Colorado (EUA). É Bolsista de Produtividade Científica 1D do CNPQ. É coeditor da revista científica *Sustentabilidade em Debate* (http://periodicos.bce.unb.br/index.php/sust). Orientou ou co-orientou 2 pós-doutores, 11 doutores, 23 mestres, 5 especialistas e 13 graduados. Orienta atualmente uma pós-doutoranda e duas doutorandas. É autor ou coautor de mais de 60 artigos científicos; autor, coautor, organizador ou coorganizador de 21 livros; autor ou coautor de

29 capítulos de livros. Os textos integrais de uma parte de seus textos publicados e inéditos estão disponibilizados, em formato PDF, em http://brasilia.academia.edu/JoseDrummond

Quando não está fazendo essas coisas todas, Drummond ouve música instrumental, joga bumerangue, observa pássaros, faz caminhadas, lê bons livros, vê bons filmes e viaja, além de se preocupar com as filhas Maria e Helena e com o neto João Vicente (que na verdade não lhe causam preocupação alguma...).

Este livro foi composto em Adobe Garamond 11/14 e
impresso em papel offset 90g. pela Psi7, em São Paulo,
para a editora Garamond no mês de maio de 2014